세상을
욕망하는
경건한
신자들

사이 시리즈 04 | 경건과 욕망 사이
세상을 욕망하는 경건한 신자들

초판 1쇄 발행 _ 2013년 3월 10일
초판 4쇄 발행 _ 2019년 7월 29일

지은이 · 백소영

펴낸이 · 유재건 | 펴낸곳 · (주)그린비출판사 | 등록번호 · 105-87-33826호
주소 · 서울 마포구 와우산로 180 , 4층 | 전화 · 702-2717 | 팩스 · 703-0272

ISBN 978-89-7682-402-8 03230
이 도서의 국립중앙도서관 출판시도서목록(CIP)은 e-CIP 홈페이지(http://www.nl.go.kr/
ecip)와 국가자료공동목록시스템(http://www.nl.go.kr/kolisnet)에서 이용하실 수 있습니다.
(CIP제어번호:CIP2013001161)

그린비출판사 나를 바꾸는 책, 세상을 바꾸는 책
홈페이지 · greenbee.co.kr | 전자우편 · editor@greenbee.co.kr

이 저서는 2007년도 정부재원(교육과학기술부 학술연구조성사업비)으로 한국연구재단의 지원
을 받아 연구되었음(NRF-2007-361-AL0015).

사이 시리즈

04

경건과 욕망 사이

세상을 욕망하는 경건한 신자들

백소영 지음

B
그린비

머리말

'교회오빠'는 경건하다. '이상적'인 교회오빠는 바른 생각, 바른 행동으로 무장한 '도덕적' 인간이다. 무엇보다 육적 쾌락이나 방탕한 생활습관을 멀리하고 자신의 감정과 행동을 절제한다. 늘 규범과 규칙에 맞추어 살고 모든 일에 수도자의 자세로 임하는 인간형이다. 그러나 될 수 있는 한 세속으로부터 자신을 격리시켰던 중세의 수도자들과는 다르게, '교회오빠'는 세상일에 능하다. 경건 실천으로부터 오는 절제된 태도로 인해 '쾌락을 좇아 노는 일'에는 영 답답한 족속일지 몰라도, 세속 직업이나 학업에는 적극적이고 심지어 '경쟁적'이기까지 하다.

대한민국에서 '교회오빠' 첫 세대는 현대 교육을 많이 받은 신식 오빠였다. 직업이면 직업, 학업이면 학업, 아는 것도 많고 하는 것도 멋져 뭐든 폼 나고 감동마저 주는 오빠! '발전된 문명' 서구의 것을 가장 빨리, 그리고 최상으로 습득·전달하며 이를 자신의 생활에 현명하게 활용하는 능력자! 개인도 나라 전체도 근대화의 '욕망'으로 가득 찼던 시절, 그래서 근현대적 성공신화였던 '교회오빠'는 소녀들의 로망이요 젊은이들의 이상이요 부모들의 자랑이었다. 우리나라에서 지금까지 출세한 정치인, 기업인, 교육자 가운데는 경건한 능력자인 '교회오빠' 출신이 적지 않다.

물론 교회오빠는 탈근대를 사는 비정형적 자유혼의 21세기 젊은이들에게는 상당히 답답한 부류를 의미하기도 한다. 하여 그네들이 지칭하는 '교회오빠'는 사뭇 비틀린 뉘앙스를 풍긴다. 그러나 비록 비꼴지언정 그들이 주목하는 '교회오빠'의 인성적 특성들은 매한가지다. 절제되고 확고한 도덕적 기준을 가지고 정확한 시계처럼, 게다가 과도한 열정으로 세상의 업무에 '올인'한다는 것. 그리고 대부분은 세상(종교적 언어로는 '세속 사회')에서 성공을 쟁취한다는 것. 그럼에도 만족함이 없이 계속 '저 높은 곳을 향하여' 끊임없이 내달린다는 것.

우연이 아니다. '세속으로부터 구별되려는 경건'과 '세상에서 성공하려는 욕망'이 한 사람 안에 공존하게 된 것 말이다. 적어도 대한민국에서 '개신교 젊은이'의 이상형은 개인기로 어쩌다 만들어진 결과물이 아니다. 경건과 욕망, 전자가 후자의 신앙적 동력이 되어 한 신자 안에서 '경건한 능력자'를 완성시켰던 것이 근대화와 발맞춰 전개된 한국 개신교의 역사였다. 역사적 우연성으로 인해(혹은 '신의 섭리에 의해') 근대화의 욕망과 함께 이 땅에 들어온 개신교는 다양한 갈래 중에서도 특히 '청교도 정신'을 계승한 집단의 것이었다. 청교도들의 신앙고백과 생활 격률을 '기독교인의 이상'으로 삼은 결과가 오늘날 우리의 이웃 '교회오빠'를 만들어 냈다.

　　　　*　　　*　　　*

'청교도Puritan 정신'은 16~17세기 영국의 역사적 상황에서 등장하여 17~18세기 미국적 토양에서 무럭무럭 자라 19세기 세계복음화의 바람을 타고 한국 땅까지 흘러들어 온 특정한 종교적 신념이다. 청교도 연구가인 앨런 카든Allen Carden에 따르면 이 정신은 "영국 국교회에 이의를 제기하였고 로마 가톨릭의 관행들을 버리고 회중의 자치권과 권위를 행사하고 궁극적 권위로서의 성경에 기초하여 자신들의 사회를 건설하고자 바랐던 사람들로 구성된 개혁주의 신앙운동"에서 기원하였다(카든, 『청교도 정신』, 8쪽). 역사적으로 청교도는 하나의 동질 집단으로 축소할 수 없는 신학적·교파적 다양성을 지닌다. 그러나 세세한 교리적 차이에도 불구하고 '청교도'라는 언어가 전달하는 의미 그대로 이들을 하나의 이름으로 부를 수 있는 공통점을 말한다면 '깨끗하게 하려는 신앙'을 가진 사람들이다. 먼저는 자기 자신의 영혼과 생활을 깨끗하게 하고자 하는 이들이요, 나아가 교회와 사회, 세상을 깨끗하게 정화하려는 '욕망'을 품었던 사람들이다. 물론 인종적으로야 앵글로색슨이라 몽골족인 우리와는 아무런 혈연관계가 없으되, 그 정신으로 치자면 대한민국 개신교도들만큼이 '청교도 정신'을 철저히 계승한 '영적 후손'이 세계적으로 드물지 싶다.

　　본문에서 상세히 살펴겠지만, 간략하게 말하자면 청교도의 원조는 이렇게 등장했다. 낭만적 사랑에 빠져 죽어도 앤 불린과 결혼해야만 했던 영국 국왕 헨리 8세가 왕비와의 이혼을 허락지 않는 교황청과 결별을 선언하던 1534년, 영국은 왕을 수장으로 하는 '국교회'를 세우며 적어도 표면적으로는 '교회 개혁'을 주창하게 되었다. 왕의 재혼을 위한 국교회 창설이라고는 할 수 없는 일 아닌가. 윗 사정이 어떠했든 당시의 유럽적 전제로서는 상당히 혁명적이었던 '국가교회'의 탄생은 많은 신앙인들의 가슴에 불을 지폈다. 그러나 말로만 개혁을 외쳤을 뿐 국교회는 의례나 정신 면에서 가톨릭과 크게 다를 바가 없었다. 교황의 자리에 국왕이 앉았을 뿐 신앙적 진지함으로 교회 전반의 문제를 돌아보고자 하지 않았다. 이러한 때에 대륙에서 불어오고 있던 종교개혁의 바람은 신자 개인의 내적 성찰과 평신도 운동에 기초한 교회 개혁의 의지와 열정을 북돋웠다. 이렇게 영국 국교회에 반기를 들면서 일어난 개혁 신앙인들이 청교도였다.

'면죄부'라는 단어를 듣고 '그게 뭐야?' 하는 사람이 없을 정도로, 중세 말기 가톨릭의 타락과 비성서적 행태는 하나의 상식이다. 자고로 규모가 커지고 영속하기를 원하는 그 모든 공동체는 '제도화'되게 되어 있다. 효율성의 이름으로 위계적 조직을 만들고 거대 조직을 통제하기 위해 '정답'에 해당하는 신앙고백 교리들을 만들게 된다. 이는 4세기 로마의 국교가 된 이래 제국과 함께 성장한 기독교 교회의 경우도 예외가 아니었다. '예수 그리스도의 십자가 아래는 빈부귀천, 남녀노소의 구별이 없다'라고 선포한 급진적인 평등 공동체였던(적어도 그런 공동체를 이상으로 삼았던) 처음의 교회는 점차로 성직자들의 위계와 교리적 통제로 무장한 거대 조직인 '보편교회'(가톨릭교회)를 탄생시켰다. 590년, 이름도 '위대한' 로마교회의 감독 그레고리Gregory the Great가 최초의 교황으로 취임한 이래 교권은 급속도로 성장했고, 중세에 이르러 그 영향력은 유럽의 어느 왕권보다도 높은 절대 지위를 차지하게 되었다. 13세기 초에 교황 이노센트 3세는 스스로를 '그리스도의 대리자'요 '왕들의 왕'이라 불렀다. '교회는 태양이요, 제국은 달'이라고 존재론적 서열을 주장했던 그는 교황이 국왕을 심판할 수 있는 영적·정치적 권한을 가진다고 공공연하게 선언하였고 교황의 세속 권력을 전 유럽에서 과시하였다. 때문에 기독교로 개종한 유럽의 여러 나라 왕들은 정치적 입지를 인정받기 위해서 대대로 교황 앞에 겸손히 머리를 조아려야 하던 시절이 중세였다. 그 유명한 '카노사의 굴욕'도 그래서 벌어진 해프닝이 아니었나.

어느 직업이든지 이를 선택하려 욕망하는 사람들이 많아진다는 것은 그 직업이 가지는 현세적 권력과 영향력을 말해 주는 법이다. '사'자가 들어가는 직업을 가지려 대한민국 중·고등학생이 몽땅 특정 학과에만 몰리는 오늘날의 사회현상이 현대 관료제적 시스템에서 의사와 변호사, 교사라는 직업이 주는 안정성과 권력을 보여 주듯 말이다. 중세 유럽에서는 많은 이들이 성직자가 되기를 '욕망'했다. 그도 그럴 것이 성직은 '부'를 획득하는 지름길이었다. 교황청을 위시해서 지역교회들까지 '경건한 신앙'의 이름으로 야무지게 '교회세', '성전세'를 받아 챙겼다. 중세 말기 교회가 소유한 토지가 유럽 전체 땅의 3분의 1에 육박했다. 예수는 오래전 제도 종교의 막판 끝을 보여 주던 성전 중심 유대교를 향해 '어느 아비가 제집 드나드는 아들들한테 세금을 받더냐?'라며 비판했건만, 유대교라는 제도 종교를 개혁하며 나와 새로이 시작한 기독교도 노화되니 이 모양이었다. 신도 수에 프리미엄을 얹어 성당의 사제직을 사고파는 일이 빈번했다. 더 많은 지역교회 건물을 소유한 성직자일수록 벌어들이는 수입이 많을 터. 결국 요즘의 금융자본주의 세계에서 자고 나면 불어나는 투자수익을 주체할 길이 없어 어린 손자 손녀에게까지 부를 나누어 놓는 졸부들처럼, 중세 유럽에서 산다 하는 귀족들은 한 사람이 성직을 서넛 중임하거나 예닐곱 먹은 집안 자식의 이름까지 명목상 사제로 걸어 두는 일들이 비일비재했다. 성직자를 급조하려다 보니 미사 집전이 가능한 정도의 초급 라틴어와 간단한 교리문답, 예배의식 정도만 익히고도 사제가 되는 경우도 허다했다. 한마디로 다수 성직자들의 수준이 지적으로도, 신앙적으로도 한심했다는 이야기다. 게다가 1075년 그레고리우스 7세의 개혁 이후 성직자들의 '고매한' 존재론적 위계를 확보하고자 시행되었던 사제들의 독신 생활은 얼마 지나지 않아 퇴행적 행태를 야기했다. 양심도 없이 '성생활이 담석증에 좋다'는 의사의 권고로 어쩔 수 없이 첩을 두었다'라고 뻔뻔하게 주장하는 주교까지 등장했을 정도다. 이미 13세기 말에 이르면 유럽의 대중들에게 '성직자'라는 단어는 '경건'이나 '거룩함'과는 연결고리가 없는, 오히려 상반되는 이미지를 떠올리게 하는 단어가 되었다. 14~15세기 유럽 민중들은 성직자가 청렴하고 결백하며 영적·물질적 가난을 추구하는 경건한 신앙인의 모델이라고는 생각지 않았다. 그들에게 '성직자'라는 이름은 '거룩' 혹은 '경건'을 상업화하여 매매하고 팔아 자신의 배를 채우는 '욕망'의 대명사였다.

이 마당에 등장한 것이 1517년 루터Martin Luther의 종교개혁이었다.
사실 루터'만'이 일으킨 종교개혁은 아니었다. 아니, 루터보다 두 세
기나 앞서 같은 소리를 한 대가로 형장의 한 줌 재로 사라진 양심적
인 종교인들도 꽤 있었다. 다만 루터의 종교개혁은 그를, 그리고 그
의 주장을 옹호하는 사회 분위기가 최고조로 달할 만큼 가톨릭이 타
락한 정점에서, 그리고 로마의 정치적 영향력을 약화시켜야 하는 정
치적 의도를 가진 지방 제후들의 보호가 있어, 그리고 그의 사상이
제도화되어야 이득을 보는 새로운 세력인 자유 상공인들의 급부상
이 있어 비로소 가능했던 일이었다.

　　미사 때 사제의 읊조림으로나 듣던 라틴어 성경('불가타'Vulgata)
을 평신도들이 스스로 읽게 된 것은 종교개혁을 향한 움직임에 가장
핵심적인 신앙적 연료가 되었다. 종교개혁에 동조하는 많은 인문학
자, 성직자들이 자국의 언어로, 그것도 가장 평범하고 쉬운 대중의
언어로 성서를 번역하기 시작했다. 모든 문제는 문제를 파악할 수 있
고 명명할 수 있는 능력을 소유한 사람들로부터 발생하는 법이다. 온
통 기독교적인 분위기에서 태어나고 자라 '경건'이 일상화된 유럽의
평신도들에게, 성서 메시지를 직접 읽을 수 있는 기회는 하나의 뚜렷
한(중세 가톨릭 고위 사제들의 그것과는 상당히 다른) '욕망'을 불러일으
켰다. 성서를 직접 읽어 보니 현재의 가톨릭은 기독교의 본질적 가르
침에서 너무나 멀리 와 있는 거다. 아니 오히려 상반된 모습이었다.
때문에 현재의 '비성서적' '반하나님적' 교회를 '깨끗하게' 개혁하려

는 것, 이것이 유럽 곳곳에서 일어났던 개혁적 신앙인들의 '욕망'이었다. 본문에서 상세히 살펴보겠지만 이들의 신앙적 욕망은 마침 부상하던 제3계급, 소위 부르주아 계급의 정치·경제적 욕망과 적절히 맞물렸고, 결국 '경건한 청교도'이면서 '부상하는 부르주아'였던 다수의 개신교 신자들로 하여금 개인의 내면적 개혁, 교회 개혁을 넘어 사회 전반의 개혁을 '욕망'하게 만들었다. 현대의 자본주의적 경제제도, 법치 민주주의적 정치제도, 근대 핵가족 제도의 많은 정신적·실제적 기초가 개신교도들의 신앙고백과 유사하다는 것은 시간과 공간이 같았던 유럽발 근대화와 개신교 발전사 '사이'에서 발생했던 모종의 결탁을 시사한다.

본문의 주요 장들은 바로 이러한 맞물림, 즉 유럽과 미국, 그리고 한국을 가로지르며 전개된 근현대의 주요 제도들(정치제도, 경제제도, 가족제도)과 개신교 신앙 사이의 맞물림을 분석하였다. 1장에서는 청교도들의 '경건'과 제도적 '욕망'이 결합되도록 이끈 개신교 신앙의 발생과 전개 과정을 소개했다. 개신교 전반에 대해 다루기보다 근대적 주체의 인식과 생성에 영향을 끼친 루터의 '만인제사장설'의 사회 정치적 위치에 초점을 맞추었고, 이 사상에 의해 촉발되고 칼뱅주의에 의해 고무된 영국 청교도들의 언약 사상, 그 사상의 제도적 결실을 보게 된 미국 뉴잉글랜드의 역사적 배경을 살펴보았다. 이들이 재해석한 '그리스도인의 경건'이 근대적 주체를 형성하고 근대적 세계를 재편하려는 욕망을 정당화하는 과정에서 발생한 배제와 폭력에 대한 부분도 주목하였다.

사실 무엇보다 우리나라의 개신교 지형에 가장 큰 영향을 미친 것은 미국 교회였다. 소위 '뉴잉글랜드'형이라 부를 수 있는 교회 말이다. 국교회와 영국 사회를 '깨끗하게' 하고 싶었던 청교도들, 그 제도적 시도가 실패로 돌아가자 하나님이 영국을 버리셨다는 종말론적 좌절감 속에서 '새로운 영국' 뉴잉글랜드를 건설하고자 미국 땅을 밟았던 그들. 도를 넘은 경건과 욕망 덕분에 그 땅의 원주민마저 '깨끗하게' 청소했던 그들! '하나님의 뜻에 부합하는 세계의 건설'이라는 '신적 소명'은 그들이 경건의 이름으로 세속 질서의 재편을 욕망하게 만든 동력이었다.

그 욕망이 점차 세속화·다원화되어 가는 미국 땅에서 의욕만큼의 결실을 맺지 못하고 좌절을 경험할 무렵인 19세기 말, 눈을 높이 들어 이제는 미국 땅만이 아닌 세계 질서의 재편을 욕망하며 세계복음화를 꿈꾸던 '청교도의 후예들'은, 마침 같은 시기 부국강병을 표방하며 서구 개신교에서 한 가닥 희망을 보았던 조선의 개화파 지도자들, 생전 처음 보는 서양식 의료·교육 기관들을 통해 근대 문명의 이기를 맛보며 근대화된 나라의 핑크빛 꿈을 꾸던 조선의 민초들과 만나게 된다. 뭐든 받은 것을 원본보다 더 철저히 지킨다는 불가사의한 민족성을 지닌 우리 민족은 '영국 청교도를 기원으로 하는 미국식 개신교'의 원형을 영국·미국보다 더 철저히 지켜 냈고 이 땅에 수많은 '경건한 능력자'들을 배출하였다. 그 과정을 정리하고 비판적으로 분석한 것이 2, 3, 4장이다. 2장에서는 한국의 복음주의적·근본주의적 개신교가 가진 신정정치적 욕망의 현주소를 살펴보면서, 이 욕망의 칼뱅(주의)적 기원과 21세기 지구화 속에서의 재담론화 현상을 분석하였다. 3장에서는 '청렴한 부자'를 향한 개신교도들의 만족할 줄 모르는 물질적 욕망의 교리적 정당화 과정, 나아가 21세기 신자유주의적 노동환경에서 이들이 주장하는바 경건 실천으로서의 직업 소명이 어떻게 자본주의적 투자성의 본령으로 전도되었는지를 다루었다. 4장은 5,000년 넘게 지속되어 온 가부장제의 여성 통제 욕망이 '여성성의 낭만화'라는 현대적 재편을 거쳐 '기독교 여성의 경건' 이란 이름과 맞물려 오는 과정 중에 형성된 개신교 가정 윤리를 다루었다. '경건한 알파맘'이라는 기독교 여성들의 자기 정체성이 근대적 주체, 경건한 신앙인으로서의 의미 추구가 중첩된 결과임을 지적하고 그 억압적 현실을 분석하였다.

*　　*　　*

청교도들의 '신앙적 경건의 추구'와 '세계 질서의 재편이라는 현세적 욕망' 사이에 과연 무슨 일들이 벌어졌던 걸까? 이들의 경건한 신앙 동기는 이들의 본래적 의도와는 다르게, 혹은 적어도 의도한 것은 아니었을지라도 부지불식간에, '근대적 세계'라는 새로운 세계를 건설하는 과정에서 어떤 방식으로 작동되었나? 신앙의 이름으로 진행된 이들의 경건 실천은 근현대사를 가로지르며 어떠한 오류(때로는 범죄)를 저질렀으며, 여전히 저지르기를 '욕망'하게 만들었나? 이 책은 16~17세기의 영국, 17~18세기의 미국, 그리고 19~20세기 '다시 한 번'을 외치며 그 신앙적 '경건'을 '세계복음화'의 이름으로 전 지구에 확산하고자 한 '욕망'이 집적된 결과물로서의 '한국 개신교'에 관심을 두고 있다.

본격적으로 글을 시작하기 전에, 내가 이 글에서 사용하는 '경건' 그리고 '욕망'이라는 단어에 대한 개념 정의가 필요할 터이다. 사실 이 두 단어는 근대 이후의 개신교 집단을 떠올리며 가장 먼저 내 머리에 떠오른 단어들이었다. 경건과 욕망, 이 단어들은 현재의 개신교 구성원들이 가진 집단적 정체성을 잘 표현하면서 동시에 이들의 모순을 함께 고발하는 데 가장 적합한 언어라고 생각한다. 물론 기독교 2,000년 역사 가운데 '경건' 혹은 '경건주의'라는 개념어를 설명하는 데 꼭 언급해야 하는 특수한 역사적 사건이나 배경들이 있다. 그러한 세부적이고 구체적인 역사적 사건들까지도 포괄하여 이 글에서 나는 '경건'을 자기훈련, 수련, 욕망의 절제, 단절, 포기 등의 의미를 담은, 때문에 많은 부분 '금욕적'인 의미에서의 수축 방향성을 의미하려 한다.*

한편 이 글에서 나는 '욕망'이라는 단어를 '현대 개신교도들이 하나의 집합적 그룹으로서 가지는 공동의 감정과 의미 추구를 이끌어 낸 동력'의 의미로 사용하려 한다. 이 용어를 분명하게 정의하는 일은 쉽지 않다. 내 자신이 종종 다중의 의미로 겹쳐 사용할 것이기 때문이기도 하다. 그러나 분명한 것은 현대 개신교도들의 욕망을 역사적으로 훑는 과정에서 이 용어는 정신분석학적 함의를 가지는 '본능적 욕구'의 의미는 가장 적게 담고 있다는 것이다. 개신교도들의 욕망은 자연스럽게 발동하는 본능적 감정과는 오히려 대조되는, 인

위적 산물인 신앙고백과 신앙 실천으로서의 '경건'에 의해 동기부여
되고 그 경건을 공유하는 구성원들이 합의하고 공유한 '제도적 감정'
에 더 가깝다. 적어도 역사적 형태로서의 현대 개신교적 욕망을 말할
때 그것은 자기 확장, 타자와 외부 세계에 대한 정복이라는 의미 추
구를 담은 감정으로서 종교적·사회적 원인을 가지는 열정이다.

그러나 '맺는 말' 부분에서 나는 새로운, 혹은 생명이 지닌 본연
의 욕망, 제도와 규율을 넘어서 자유롭고 해방적인 행동을 이끄는 열
정, 다분히 라캉적인 의미에서의 인간 욕망을 말하려 한다. 그리고
이 욕망을 예수가 '하나님 나라' 운동을 전개하며 가졌던 욕망과 연
결 지으려 한다. 로마 최고의 끔찍하고 잔인한 형벌인 십자가로도 막
을 수 없었던 예수의 욕망! 다분히 주디스 버틀러Judith Butler가 해석
하는 안티고네의 보편적·본연적 욕망을 상기할 만한 그 욕망! 특정
그룹의 이익과 편견을 위해 작동하는 제도적 욕망을 넘어서게 하는,

---

* 물론 이런 방식의 정의는 기독교보다도 더 오랜 종교적·철학적 계보를 가진다. 플라톤
이 『국가』에서 언급한 네 가지 기본 덕목 가운데 하나인 '절제', 그리스어로 '소프로수
네'(sophrosune)는 욕망에 대한 지배, 명령을 의미했었다. 현대철학자 미셸 푸코(Michel
Foucault)도 지적하였듯이 소프로수네는 쾌락 영역에서의 자기지배의 능동적 형태를 뜻
하는 '엔크라테이아'(enkrateia)와는 구별된다는 의미에서, 그리고 자기 자신을 향해 있
기보다는 신과 인간 사이의 관계 안에서의 적절하고 경건한 행위를 의미한다는 점에서
(푸코, 『성의 역사 2』, 82~83쪽), 종교적 신념에 의해 동기부여된 일상적 생활 태도로서의
'경건'과 그 의미가 가장 가깝다. 그러나 기독교의 실제 역사에서 대부분 '경건'은 육적
쾌락의 금욕을 의미하는 엔크라테이아의 의미를 더 많이 담고 있었고, 이는 청교도 이후
현대 개신교도들의 신앙 실천에 있어서도 마찬가지이기에, 고대 철학자들이 애써 구별
한 이 두 그리스어의 차이는 기독교적 경건을 논하는 이 책에서는 굳이 구별하여 논의할
필요가 없다고 본다.

그래서 끊임없이 열린 보편성으로 향해 가게 이끄는 욕망! 그것을 말할 때의 욕망은 앞서 사용한 현대 개신교도들의 제도적 욕망과는 분명 다른 욕망을 의미한다.

그러나 '맺는 말'에서를 제외한다면 본문 내내 현대 개신교도들의 역사적 실천으로서의 '경건'과 '욕망'을 말하는 동안 나는 경건을 '자기수축'의 동의어로, 욕망을 '자기확장'의 동의어로 사용하려 한다. 흥미로운 지점은 현대 개신교도들에게 있어 결코 만날 것 같지 않은 이 두 방향성이 이들의 내면적 의미 추구와 외향적 일상생활 안에서 공존하고 심지어 융합되어 있다는 사실이다. 서양 문명의 대조적인 문화 통합에 대한 슈펭글러Oswald Spengler의 분석을 받아들이면서 루스 베네딕트Ruth Benedict가 정의한 현대인, 즉 파우스트적 인간형은 "자신의 모습을 끊임없이 장애와 싸워 나가는 힘으로 그리며, 개인 생활의 과정을 내적 발전의 과정으로 보는" 존재였다(베네딕트, 『문화의 패턴』, 69쪽).

> 모든 그리스도인들은 자신의 상태에 머무르지 말고 더욱더 완전을 향하여 나아가야 한다. …… 그리스도인의 삶은 경주와 같아서 가만히 앉아 있거나 그 자리에 서 있어서는 안 된다. …… 세상 사람들은 많은 재산이 있어서 그것을 팔아서, 있는 것을 가지고 편안하게 살지 모른다. 그러나 영혼은 그렇지 않다. 영혼은 계속하여 유익을 얻지 못하면 점점 악화되는 것이다. (원종천, 『청교도 언약사상』, 68~69쪽)

청교도 신학자 폴 베인스Paul Baynes의 이 절절한 설교 내용은 신기하게도 베네딕트가 말한 파우스트형의 현대인을 너무나 닮아 있다. 놀랄 것도 없다. 현대의 파우스트적 인간형과 영혼의 유익을 위해 쉼 없이 달리는 청교도 개인은 실은 많은 경우 역사적으로 동일 인물이기 때문이다. 고전사회학의 위대한 인물 중 하나인 막스 베버 Max Weber는 이 절묘한 결합, 즉 경건한 신자의 종교성 안에 담겨진 부단한 자기수련의 노력이 현대사회에서 어떤 방식으로 외화하였는 지를 다룬 글 『프로테스탄트즘의 윤리와 자본주의 정신』으로 이미 한 세기 전 학계의 주목을 받았다. 큰 범주에서 나의 책은 그의 학문 적 질문과 전제, 그리고 학문 방법론의 연장선에 놓여 있다. 그러나 이 글은 베버가 현세적 노동 의욕을 불러일으키는 종교적 경건성의 '일상화'를 경고하며 마지막에 물었던 불안하고 어두운 질문과 함께 끝나지 않는다. 아니 실은 베버의 글의 끝이 내 글의 시작이다.

청교도는 직업인이기를 바랐다. ──반면에 우리는 직업인일 수밖에 없다. …… 백스터의 견해에 따르면 외적인 재화에 대한 배려는 마치 '언제든지 벗을 수 있는 얇은 겉옷'처럼 성도의 어깨에 놓여 있어야 만 한다. 그러나 운명은 이 겉옷을 강철 같은 겉껍질로 만들어 버렸 다. 금욕이 세계를 변혁시키고 세속에 작용하기 시작하자 이 세상의 외적인 재화는 역사상 유례를 찾을 수 없을 정도로 인간에 대한 힘 을 증대시켜 갔고 마침내는 벗어날 수 없는 것이 되었다. …… 종교 적·윤리적 의미를 박탈당한 영리 추구는 드물지 않게 그 추구에 스포츠의 특성을 부여하는 순수한 경쟁적 열정과 결합되는 경향이 있다. 미래에 이 겉껍질 안에서 살 자가 누구인지, 이 엄청난 발전의 마지막에 전혀 새로운 예언자나 혹은 옛 정신과 이상의 강력한 부활이 있을지, 아니면 일종의 발작적인 오만으로 장식된 기계화된 화석화가 있을지는 누구도 모른다. 만일 후자의 경우라면 물론 이 문화 발전의 '최후의 인간'에 대해서는 다음과 같은 말이 옳은 것이 될 것이다. 즉 '정신 없는 전문가, 가슴 없는 향락자'. 이 공허한 인간들은 인류가 전례 없는 단계에 도달했다고 생각할 것이다. (베버, 『프로테스탄티즘의 윤리와 자본주의 정신』, 144~146쪽)

베버의 어두운 우려는 현재 우리의 현실이 되었다. 우리는 "옛 정신과 이상의 강력한 부활"과 "발작적인 오만으로 장식된 기계화된 화석화"의 두 사례를 매일 보고 듣고 그 안에 '갇혀' 살고 있다. "정신 없는 전문가"와 "가슴 없는 향락자"는 우리가 일상에서 접하는 이웃이다. 아직 우리의 삶의 방식을 바꿀 영향력 있는 "새로운 예언자"를 발견하지 못한 나는, 오히려 베버가 예견한 첫번째의 흐름, 즉 우리의 미래를 결정하는 일에 과거를 준거의 틀로 끌어오려는 집단, 즉 21세기 근본주의적·복음주의적 개신교도들의 욕망이 발현되는 것을 지켜보면서 '내부자'의 한 사람으로서 걱정하고 있는 중이다.

모든 '근본주의자'들이 그렇듯이 개신교 근본주의자들도 현재의 세계가 잘못된 방향으로 가고 있다는 인식하에 역사를 '다시 바른 방향으로 돌리겠다'라는 열정에 사로잡힌 사람들이다. 물론 한국의 모든 개신교도들이 전투적인 근본주의자인 것은 아니다. 보다 광범위하고 온건한 입장의 '복음주의자'들은 스펙트럼이 넓고 다양한 의견 차이가 있어서 이들을 하나로 묶어 섣불리 규정하거나 비판하는 것은 옳지 못하다. 최근 들어 신문 지면과 뉴스를 장식하는 '기독교 정당' 유의 정치적 욕망을 보이는 집단이 가시적으로 드러나니 다 그런 것 같아도 실은 개신교 전체를 놓고 볼 때 이런 극단적인 인사들은 많은 숫자는 아니다.

그러나 이 글은 일부 '병적인' 극우 근본주의자들의 경건과 욕망만을 염두에 두고 있지는 않다. 그들만큼의 극렬한 욕망과 스케일은 아닐지언정, 예수가 전한 복음(기쁜 소식)을 자신들의 일상적인 삶 가운데서 체화시켜 실천하려 애쓰는 많은 수의 '경건'한 개신교 신자들(온건하고 포괄적인 복음주의자들)이 가정 사역의 이름으로, 정치·경제 활동의 이름으로 '과거'(가깝게는 17세기 청교도적 이상부터 멀게는 구약시대의 질서까지)를 회복하려 욕망하고 있기 때문이다. 이 다수의 경건한 신자들에게도 나는 말을 걸고 싶다. 당신들의(아니 나는 '내부자'이므로 우리들의) '경건 회복'의 준거틀이 과연 '과거'에 있어야 하는지, 우리가 '주'로 믿고 따르는 예수의 '복음'이 과연 그렇게나 '과거 지향적'인 것이었는지, 우리가 회복해야 하는 세계 질서가 정말 구약시대 팔레스타인에서 이루어진 방식이어야 하는지, 아님 꼭 17세기 영국과 미국의 방식이어야만 하는지, 우리의 선배들은 예수의 '복음'을 어찌 해석했기에 두고두고 용서를 빌어도 다 못 갚을 엄청난 역사의 죄를 저질렀는지, 만약 '경건'의 이름으로 우리가 '욕망'하는 것이 신앙적으로도 문제이며 이웃들에게도 용납될 수 없는 방식으로 진행되고 있다면 어쩌다 그리 되었는지……. 그런 이야기들을 풀어내려 한다.

또한 과욕을 부려 나는 기독교 신앙을 가지지 않은 더 많은 수의 사람들, 오늘날의 한국 개신교의 행태를 보며 도무지 이해가 가지 않을 그들에게도 말을 건네려 한다. 개신교도들을 위한 그럴듯한 변명을 늘어놓기 위함이 아니다. 현재적 삶의 공간을 함께 나누는 이들의 '경건한 욕망'은 어떤 방식으로든 우리의(당신들의) 삶과 연관되어 있기 때문이다. "알면 사랑한다"라고 했던가? 사랑까지는 차마 욕심이다. 다만 바라는 것은 '이해'다. 알고 보면 개신교 신자들은 가여운 사람들이다. 쉽게 융합할 수 없는 대조적인 두 가치, 경건 실천과 세속적 욕망의 추구를 한 존재 안에 다 담고 살아야 한다고 가르치는 신앙 전통을 가지고 있기 때문이다. 경건한 청교도적 개신교 가정에서 태어나 자신의 직업을 소명으로 여기며 세상에서의 출세와 성공을 하나님께 영광을 돌리는 유일한 수단으로 고백하는 개신교 젊은이에게, 삶의 여유와 실패를 허용하는 넉넉함과, 때로는 자기 자신만을 위한 시간과 그렇게 행동할 자유가 주어진 적은 없었다. 경건의 이름으로 '본능'을 억제하고 그 자리를 '근현대 제도적 욕망'으로 채우게 된 사람들, 화합하기 힘든 이 두 가치 사이에서 아슬아슬 줄타기하다가 결국 어이없게도 최초의 동기와 수단이 뒤집힌 상황이 되어 버린 사람들, 하여 이제는 '경건 실천'을 위해 제도적 욕망으로서의 세속적 성공을 추구하는 것이 아니라 세속적 성공이라는 '제도적 욕망'을 채우기 위해 '경건'을 수단시하게 되어 버린 21세기 개신교도들. 세상은 이들의 위태로운 혹은 위선적인 행동을 보며 '개독교'라 비난하지만, 어쩌면 이들은 비난보다는 '치유'가, 혹은 '자유'가 더 시급한 사람들일지도 모르겠다.

그들에게 영혼의 안식을, 삶의 자유를, 그리고 경건 실천에 대한 이성적 성찰을 제공하는 글이었으면 한다. 도무지 이해할 수 없는 종족이라고 이들을 비난했던 사람들에게는 적어도 한국 개신교도들을 이해하는 계기가 되었으면 한다. 결국 '경건'과 '욕망', 이 두 가치 실천에 '사이' 공간은 없음을, 아니 없어야 함을, 때문에 그동안 무리하게 위태롭게 고집스럽게 양손에 잡고 있었던 이 둘을 서로로부터 자유롭게 놓아주어야 함을, 나는 말하려 한다. 그러나 새로운 방식의, 새로운 기원의 욕망, 즉 예수의 '욕망'을 욕망하게 될 때, 이 욕망과 그리스도인의 경건 '사이'에는 특정 사회가 제도화한 방식대로의 세상 성공을 향한 쉼 없는 달음질과 탐욕 대신, 배제당하는 자가 없는 보편적 질서인 '하나님 나라'를 향한 생동력이 태어나게 될 것이라고, 나는 그리 믿는다. 예수의 욕망과 그리스도인의 경건, 그 '사이'에서 도래할 하나님 나라를 기대하며, 기다리며, 기도하며…… 이 글을 연다.

차례

| 일러두기 |

1 인용 출처의 상세 서지사항은 권말의 '참고문헌'에 모아 두었다.

2 단행본·정기간행물에는 겹낫표(『』)를, 논문·연설문 등에는 낫표(「」)를 사용했다.

3 외국 인명이나 지명, 작품명은 2002년 국립국어원에서 펴낸 외래어표기법을 따르는 것을 원칙으로 했지만, 관례적으로 통용되는 표기는 그대로 두었다.

세상을
욕망하는
경건한
신자들

1장

개신교와 근대적 주체의 탄생

1. 종교개혁, 근대 세계를 향한 시금석

'근대'modern라 부르는 세계가 지나갔는지post, 최절정인지high, super, 아니면 그 후기적late 상태인지에 대해서는 학자들마다 말이 많다.* 그러나 지금 우리가 겪고 있는 현재를 무엇이라 이름 하든 확연하게 감지되는 가시적인 변화 중 하나는 '이성에서 감성으로', '역사에서 신화로'의 전환이다. 감성과 신화는 근대 이전의 가치였으니

---

* 'modern'을 '현대'로 쓸지 '근대'로 쓸지 고민했다. 서구 제국주의를 경험한 아시아 나라들의 경우 서구와의 강제적 접촉 이후 비로소 근대성이 생겨났다는 해석에 저항하는 의미로 전통 안에서 근대성의 요소들을 찾아내려 시도하고 있다. 특히 대부분이 식민지였던 아시아 나라들이 해방과 독립국가 수립을 통해 새롭게 역사를 지어 가게 되는 시점을 현대라 부르고 있는 것을 안다. 그러나 개신교 신앙과 근대 세계 질서 '사이'를 주목하는 이 글에서는 굳이 근대와 현대를 역사적으로 엄격하게 나누는 수고가 불필요할 뿐만 아니라 오히려 부적절해 보인다. 때문에 이 글에서 modern은 근대로 번역하여 쓰며, 가끔 문맥에 따라 근현대 혹은 현대로도 쓴다. 동시대성을 의미할 때는 이와 구별하기 위해 '오늘날' 혹은 '21세기적 상황'이라는 표현을 썼다.

'재'전환이라고 해야 하나? 여러 가지 이유에서 이성과 실증의 근대에 대항하던 그룹들 중 특히 신앙심 깊은 기독교인들은 이런 흐름에 반색을 하며 지금이야말로 다시 예전의 성경적인 경건을 회복해야 할 시점임을, 이를 실제로 이룰 호기가 왔음을 천명한다. 그러나 알고 보면 아이러니다. 중세 말기 가톨릭의 신화적 주장을 '비신화화' 한 사람들도, 직업 소명의 이름으로 이성과 합리성을 서구 근대 세계의 제도적 인성 속에 자리 잡게 한 사람들도, 하여 신앙의 이름으로 근대 세계의 건설에 적극 참여했던 사람들도 바로 이 '경건한 개신교' 그룹이었기 때문이다.

1) 근대화의 주체, 서구 유럽인

근대 세계를 그 이전의 세계와 구분 짓게 하는 특징들은 무엇일까? 이성, 계획성, 합리성, 효율성, 제도적 신뢰, 법지배 정당성……. '근대성'이라는 단어를 말할 때 떠올리는 이런 것들을 우리 삶의 보편적 조건이나 가치로 가져온 주체나 동력은 무엇이었을까? 이러한 특징들을 '근대성'modernity이라 이름 붙일 수 있다면 근대성은 배타적으로 17~18세기 서구 유럽에서 발생했다고 말해야 하나? 사실 거대 도시를 중심으로 한 정치·경제적 관료제를 말하자면야 고대 제국의 형성 이래 인류는 제한적이나마 관료제적 도시사회를 꾸려 왔다. 국제무역을 기반으로 한 거대한 상권도 이미 있었다. 기원전 3300년경 수메르는 시장경제가 맹아적 형태로 진행 중이었다. 비옥한 침적토를 가졌던 덕분에 곡물의 잉여 생산이 가능했던 지역이었던지라 물물 거래가 빈번했다. 물물 거래 시의 투명성과 공정성을 위해 영수증이나 계약서까지 주고받았다 한다. 관공서에서 일하는 사람들의 노임을 정기적으로 주었고, 효율적인 임금 지급을 위해 노동자들의 이름, 직급 등을 토판에 기록해 관리했다. 수메르만의 일이 아니다. 자본주의적 경제무역에 기반한 관료제 시스템은 비록 모든 사람들의 생활 전반의 조건은 아니었지만, 고대 중국에도 인도에도 이집트에도 존재했던 제도였다.

정치적 주권을 가진 '시민' 계층의 등장이 근대 세계를 가져온 동력이라 정의한다 해도, 고대 그리스나 로마의 '시민'이 떠올라 또 섣부르게 단정적 정의를 내리기 주저하게 만든다. 시민, 도시국가의 입헌정치제도 아래서 정치적 선거권과 피선거권을 가지고 자유롭게 자신의 의견을 정책에 반영할 수 있던 사람들! 이들은 분명히 왕권제 아래의 신민과는 구별되는 존재였다. 로마 시대 시민의 위치와 자부심은 더할 나위 없이 컸었다. 그리스도를 만난 뒤 세상의 모든 자랑을 내려놓는다고 늘 말하던 사도바울도 '자랑'의 목록 중에 자신이 로마의 시민임을 반복해서 강조한 바 있다. 그러나 그런 시민의 존재는 몇몇 도시국가들에서나 있던 일이고, 그나마 중세에는 제한적이던 시민 개념도 자취를 감추고 말았지 않나!

맹아적 형태! 그걸 붙잡으면 설명이 될 것도 같다. 자본주의적 무역경제의 모습도, 시민들의 참여정치적 민주주의의 모습도, 성문화된 문서에 근거한 합리적 관료제 시스템도 '맹아적 형태'로는 특정 지역, 짧은 기간 동안 이미 존재했었노라고. 그러나 그런 삶의 조건과 방식이 세상에 편만하도록 널리 퍼져서 대부분의 사람들에게 일상이 되고 당연이 된 과정, 그것을 '근대화'modernization라고 한다면 '근대성의 기원'과 '근대화의 기원'은 어느 정도 구별하고 볼 일이다. 근대화의 특징으로 자본주의적 경제 합리화와 법치적 민주주의라는 정치 합리화, 관료제적 사회 합리화를 들고자 한다면 더구나 그러하다. 내용이나 제도상 '보편'일 수 없는 이 '특수한' 삶의 방식을 지구 위의 대부분 사람들의 삶의 방식이 되도록 세계 질서를 동질적으로 재편한 흐름, 그것이 '근대화'라면——근대성을 특징짓는 성향이 언제 누구에 의해 시작되었는지와는 구분하여——그것은 분명 17세기 이후의 서구 유럽인들에 의해 시작되었다.

근대화의 흐름을 찬양하는 사회학자들과 역사학자들은 이 역사적 대변혁이 귀족도 아니고 성직자도 아닌 제3의 세력, 즉 시민계급이 이룬 인류 문명의 발전이요 역사의 진보라고 평가해 왔다. 중세 말기 봉건영주들로부터 자치권을 획득하여 상인 길드를 중심으로 자유도시를 형성하고 경제적·정치적 세력을 키워 가던 유럽의 '부르주아'! 이들이 성직자나 귀족과 구분되는 새로운 신분을 획득하고 세력을 형성해 가면서 자신들의 권리 보호를 위한 주장과 요구들을 내세우게 되었다. 직업의식을 고취한 경쟁적·합리적 개인 기업가들과 행정가들이 전통적인 신분제 사회가 '당연'으로 여기는 것, 즉 '출생에 의한 지배 정당성'에 의문을 품고 반기를 들게 되는 것은 뻔한 일 아닌가. '왕후장상의 씨가 따로 있다'라는 귀족들의 주장은 점점 고취되어 가는 시민 세력의 성장과 그들의 의미 추구로 인해 도전을 받았다. 보호자이고 지도자라고 숭상받던 귀족들이 알고 보니 노동 않고 기생하는 '가짜들'이었음을 깨닫게 된 부르주아 및 시민계급의 합리적 이성은 18세기 사회계약사상으로 승화되었다. 계몽사상가들은 입을 모아 외쳤다. "인류는 평민으로 구성되어 있다!", "만인은 법 앞에 평등하다!"

물론 성급하게 '만인의 평등'이라고 인정하기에는 '근대화'의 기획에서 배제된 사람들이 많았다. 여전히 근대 초기의 시민 개념은 '한 정치적 영역 안에 속한 모든 인간'으로 정의되기에는 제한적이었기 때문이다. 무산자들이나 이주노동자, 여성들, 외국인들을 시민으로 여기지 않았으면서도 쉽게 '법 앞에 평등한 만인'을 들먹인 '근대 세계'의 기획자들. 결국 그들이 만든 근대법과 제도 속에서 살아가다가 문득 자신들은 그 '만인'에 속하지 못하며, 때문에 시민으로서의 '권리'를 부여받지 못함을 깨달은 이들이 근대법에 저항하게 된 것이 불과 19세기 말이었고, 그나마 조직화된 저항은 20세기 중반에 이르러서였다. 결국 근대적 이상이라는 자유와 평등과 인권은 자본을 어느 정도 소유한 중산층 남자 그리고 서구 유럽인들에게 일차적으로 주어졌던 권리의 이름이었다. "국가를 존속시키는 데 필요한 사람들마저 모두 시민이라고 여길 수는 없다"라던 아리스토텔레스의 오랜 조언은 근대 세계를 처음 기획하던 사람들의 숨은 전제였다.

결국 유럽의 시민혁명은 전통적인 세계 질서 안의 권리와 권위의 자리에서 배제되었던 '백인 중산층 남자'의 자기주장이었던 셈이다. 그들이 '만인'이라고 외쳤을 때 실은 그 목소리를 들어주었으면 하고 바랐던 대상은 왕을 위시한 귀족계급과 성직자들, 흔히들 제1계급과 제2계급이라고 부르는 기득권층이었음이 분명하다. 너희만 권리와 권위를 가지지 않는다. 너희만 경제적 부와 정치적 힘을 소유하는 게 아니다. 우리도 그 부와 힘을 함께 나눌 권리가 있다. '만인'의 실제적 울타리는 지금 막 주체되기를 선언한 '백인 중산층 남자'였을 뿐이다. 근대 시민혁명은 이들의 욕망을 제도화하고자 한 집단적 움직임이었다.

이 새로운 집단을 나타내는 조합에 하나 더 붙어야 하는 것이 바로 '개신교'이다. 16~17세기 부상하는 기업가들, 행정가들, 하급관료들은 백인이었고, 중간 정도의 부를 가진 사람들이었고, 그리고 많은 수가 개신교도들이었기 때문이다. '종교개혁' 사상의 시작은 순수하게 '종교적'이었을지 몰라도 그 확산과 열띤 동조의 기저에는 제3계급의 정치적·경제적 '욕망'이 큰 역할을 하고 있었다. 물론 '근대화'의 원인과 전개 방식, 주된 행위자를 말하는 것은 입체적이어야 한다. 그것은 '합리화'의 방향만 예찬하는 방식일 수 없고 어떤 '비합리성'을 은폐하였는지를 함께 밝혀야 하며, '공공화'의 과정만을 강조하는 방식이면 안 되고 어느 부분이 치명적으로 '사사화'되었는가를 함께 지적하여야 한다. 전통사회에서 근대 세계로의 전환은 인간 역사에서 길고 큰 변화의 과정이었다. 때문에 복잡하게 얽힌 사건들, 배경들, 사람들의 이야기가 모두 다루어지지 않는다면 공정하게 '근대화'를 논하는 것이 아닐 것이다. 따라서 여기서 마르틴 루터의 종교개혁, 17세기 영국의 시민혁명을 다루고 이를 주도한 청교도들을 다룬다고 해서 이 특정 시간, 특정 공간, 특정 집단이 근대 세계를 건설한 유일한 주역이라고 주장하려는 것은 아님을 밝혀 둔다. 하지만 적어도 이 개신교도들과 그들의 아이들에게 있어서만큼은 신앙 윤리가 그들의 근대적 생활 행동을 더욱 촉진시키는 역할을 했고, 그들의 실천이 근대 세계의 건설에 일정 부분 기여를 했음은 분명하다.

2) 근대적 주체로 선 평신도

교황이 하나님이니? 어떻게 교황 말만 절대 옳겠니? 어떻게 사제들만 성스럽다는 거니? 사제들의 성경 해석만 옳은 거니? 수도 생활하면 천사같이 되는 줄 아니? 아버지가 잘못 살다 죽었는데 아들이 면죄부를 산들 천당 가시겠니? 중세 기독교 세계에서 '당연'한 믿음으로 받아들여졌던 전제들을 다시 물으며 저항한 사람들, 프로테스탄트! 이들의 종교개혁 사상은 이어지는 근대적 사상(자유, 평등, 인권 등)의 바탕을 이루며 커다란 역사의 변혁에 영향을 끼쳤다. 근대 이전으로부터 근대를 나누는 척도 중 하나는 '출생이 운명을 결정짓지 않는다'는 것이다. 유럽에서 시작된, 혹은 주장된 방식으로의 근대사상은 '만인은 하나님 앞에서 평등하며 모두 제사장이다'라고 외쳤던 종교개혁 사상에서 그 뿌리를 찾을 수 있다.

　　독일의 성서신학자 마르틴 루터는 이 저항의 대중적 흐름을 이끌었던 첫 사람이었다. 루터 등장 직전의 가톨릭은 유럽 사회 전체가 죽음의 일상화에 대한 충격에 사로잡히고 사후에 대한 공포가 팽배함을 이용하여 면죄부 장사에 열을 올리고 있었다. 페스트가 유럽을 휩쓸고 지나갔고 주기적으로 발생하며 유럽 인구의 3분의 1을 앗아갔다. 가족의 해체, 쌓이는 주검, 공동체의 붕괴……. 거기에 더하여 백년전쟁, 장미전쟁 등이 이어지며 참상은 계속되었고, 사회 전체는 두려움과 공포로 가득했다. 당시 기독교도들의 정신적 혼란은 평신도 사이에서 떠돌던 소문 '아무도 천당에 들어갈 수 없게 되었다'는 말로 대변된다. 죽음에 대한 불안감과 하나님의 심판에 대한 두려움에 가득 찬 기독교인들은 하나님의 분노를 진정시키고 하나님의 예정된 심판을 누그러뜨릴 수 있도록, 점점 더 간절하게 성직자에게 의지했다.

심약한 대중을 상대로 교회는 성인聖人들의 특화된 영적 능력을 강조했다. 페스트로부터 보호해 주는 성 세바스찬과 성 아드리앙, 불의 환란에 강하다고 알려진 성 앙투안, 비명횡사를 막아 주는 성 크리스토퍼 등의 능력이 홍보되었다. 또한 성스럽다고 인정된 많은 물건들이 '상업화'되었다. 정말이지 종교의 이름으로 팔 만한 것은 다 팔았다. 예수 죽음 당시 흘렸다는 마리아의 눈물, 예수의 가시면류관 조각, 세례요한의 머리카락, 예수 탄생 시 말구유에 놓였다고 주장되는 볏짚, 예수가 달렸던 십자가의 나뭇조각, 성 안느의 엄지손가락. 사제들은 성인의 유물과 시신의 수에 따라 연옥에서 머무는 시간을 더 단축할 수 있다고 설교했다. 독일 할레 지역은 수천 개의 성물과 수십여 구의 성인 시신이 안치되어 있어 연옥에서의 4,000만 년에 해당하는 면죄부를 줄 수 있는 성스런 공간이라고 홍보되고 있었다. 성경 어디에도 연옥 이야기는 없건만, 중세 기독교는 죽은 영혼들이 잠정적으로 머무는 곳, 심판받기 전의 일종의 대기 장소로서의 연옥을 창조해 냈다. 연옥에 가 있는 친척들의 영혼을 천당에 보내려면 무언가 특단의 조치가 필요했다. 그 처방전으로 면죄부가 마련되었다.

사실 최초의 면죄부는 십자군 전쟁 시 십자군에 참여하는 사람의 불가피한 살상의 죄를 면해 주기 위해, 또는 특정 십자군에 기금을 기부한 자들을 위해 발행되었다. 그러나 종이 한 장의 금전적 효과를 톡톡히 맛본 로마 교황청은 이후 각종 '펀드레이징'을 위해 면죄부 발행을 적극 활용했다. 아무리 교황청이 헌금을 '창안'해도, 민중의 부응이 없으면 이런 현상은 등장하지 않는 법이다. 그만큼 중세 말기의 유럽 민중은 죽음의 일상화와 사후 상태에 대한 공포로 인해 '거룩의 상업놀이'에 원치 않은 동조자가 되었다.

바보들 아닌가? 가톨릭으로부터 자유로울 수는 없었나? 현재의 독자가 이런 비난을 한다면 그것은 빚을 얻어서라도 면죄부를 사야 했던 유럽의 평범한 민초들의 처지를 모르고 하는 소리다. 유럽에서 한 개인은 가톨릭교도로서 태어났다. 신자가 된다는 것은 개인의 결단에 의해서가 아니라 출생에 의해 결정되었다. 어디서 태어나느냐, 누구에게서 태어나느냐가 향후 한 개인의 운명을 결정하던 사회, 이게 전근대적 유럽을 사는 사람들의 삶의 조건이었다. 당시 유럽인에게 종교적 가르침은 '절대'고 '운명'이었다. 평범한 신자에게 교황의 말은 그리스도의 말처럼 절대적 권위를 가질 수밖에 없었다.

마르틴 루터는 이러한 시절에 등장했다. 1483년 독일의 아이슬 레벤에서 태어난 그는 에르푸르트대학에서 인문학을 전공하고 아우구스티누스 수도회에서 수도자의 길을 걸었다. 개인적으로 죽음의 공포를 절실하게 맛보게 했던 벼락 사건을 계기로 본격적으로 죽음 이후의 문제를 고민하기 시작했던 루터. 엄격한 금욕적 수행을 통해 마음의 평화를 가져 보려 했으나, 오히려 자꾸 확인되는 것은 자신의 죄성과 하나님의 심판에 대한 공포였다. 하긴 인간의 전적 타락과 구원에 있어서 하나님의 절대주권을 강조하던 아우구스티누스의 신학 전통에 있던 그에게 어떤 다른 가능성이 있었겠는가? 1509년 성서학으로 박사학위를 받고 1510년 로마에 파견되었던 루터는 로마에서 르네상스의 현란한 예술과 로마 성직자들의 세속화, 타락에 환멸감을 느끼게 되었다.

교황 율리우스 2세와 레오 10세는 모두 르네상스 문화에 열광했던 사람들이었다. 율리우스 2세는 로마에 베드로 성당을 신축하고자 했고 그 재정을 조달하기 위해 1506년 면죄부를 발행했다. 레오 10세는 피렌체 출신으로 메디치 가의 학문과 예술에 대한 열정을 바티칸에 끌어들인 인물이었고 교황청에서 르네상스 문화의 견인차 역할을 했다. 그리고 보면 르네상스는 양가적인 힘을 발휘한 셈이다. 인문주의자들로 하여금 '근원으로'ad fontes를 외치며, 제도적 타락의 정점을 찍은 로마 가톨릭으로부터 해방될 자유사상을 생성하게 하는 긍정적 방향성으로 발전했다. 그러나 한편으로 교회 건물에 르네상스풍 화려함을 덧씌우려 했던 교황들의 탐욕에 불을 지핀 부정적 방향성도 있었다. 레오나르도 다빈치, 미켈란젤로, 라파엘로 등 미술사적 시각에서는 충분히 찬양할 만한 위대한 예술가들이 교황청을 유럽에서 가장 화려한 '궁정'으로 만들었다. 결국 이 화려함의 대가로 교황들은 막대한 돈이 필요했고 면죄부는 계속해서, 그리고 그 어느 때보다도 더욱 강도 높은 설교와 함께 강조되어야만 했다. 독일의 경우는 마인츠의 대주교 알브레히트Albrecht II von Brandenburg에게 이 면죄부 판매가 위임되어 있었다. 알브레히트는 도미니크 수도사이며 열정적 설교자인 테첼Johann Tetzel을 통해 면죄부 판매에 열을 올렸다. "금화를 면죄부 헌금함에 넣어 딸랑 하는 소리가 나면, 죽은 자의 영혼은 천국으로 향한다." 테첼은 이리 설교했다.

이게 루터가 직면한 실존적 현실이었다. 자신에게 고해해야 할 비텐베르크성城 교회의 신자들이 너도나도 면죄부를 구입하는 일에 열을 올리고 고해의 필요성을 부인했다. 성서학 교수로서, 그리고 한 교구의 목회자로서 루터는 참으로 치열한 고민을 했을 터이다. 오랫동안 고민하던 루터는 마침내 1517년 10월 31일 개인적인 편지와 함께 면죄부 판매를 비판하는 95개 논제를 알브레히트와 비텐베르크 소속 교구 주교에게 보냈다. 같은 날 그는 이 반박문을 비텐베르크성 교회 문에 붙였다. 비텐베르크는 당시 인구가 2,000명 정도에 불과한, 신성로마제국 변방의 지방 소도시였다. 종교개혁의 시작은 르네상스 문화를 꽃피우던 국제적인 도시국가들, 피렌체, 베네치아, 파리, 런던 같은 곳에서 터져 나오지 않았다. 신앙 양심에 입각하여 가톨릭의 중세 말기적 행태가 잘못되었음을 선포한 종교 지도자들이 유럽

곳곳에 적지 않았음에도, 왜 하필 독일이 종교개혁의 중심지가 되었을까? 역설적이게도, 그 이유는 다분히 당시 독일이 가진 '주변'으로서의 위상학적 위치에 있다고 본다. 세계대전을 두 번씩이나 일으킨, 과도한 민족정신을 소유한 국가 '독일'은 19세기 이전에는 없었다. 도시 하나가 독립된 나라처럼 운영되던 시절, '신성로마제국'이라는 멋진 말도 중앙집권적인 단일국가의 이름은 아니었다. 1517년 루터가 로마 교황청의 입장에 따박따박 반박하는 95개조 조항을 교회 앞에 붙였을 때의 독일은, 그의 행동에 즉각적으로 반응하고 규제할 만한 단일한 정치조직이 없었다는 말이다. 가장 약한 곳, 가장 변방의 곳……. 곪을 대로 곪은 내부의 갈등은 그렇게 외곽에서 한꺼번에 터져 나오는 법이다.

아래는 루터가 붙인 대자보의 주요 내용이다. 다소 긴 인용이지만 그의 주요 주장을 이해하기 위해 발췌하여 소개한다(이종훈 편역, 『세계를 바꾼 연설과 선언』, 135~146쪽). 이 논제들에서 루터는 인간으로서 교황의 제한성과 면죄부 판매의 부당함을 주장했다. 아울러 교회의 물질적 탐욕과 가난한 이들을 돌보지 않는 불의를 비판했다.

교황은 자신의 권한이나 교회법에서 정한 규정에 의해 부과된 벌 말고는 어떤 벌도 면제하려고 해서는 안 될 뿐만 아니라 그렇게 할 수도 없다. 교황은 하나님께서 죄를 용서하였다는 사실을 선언하거나 가르치는 경우나 자신이 재판을 진행하도록 명확하게 정해진 사건에서 죄를 면제하는 경우 말고는 어떤 죄든지 면제할 수 없다. (5~6조)

헌금 상자에 던져 넣은 돈이 짤랑 소리를 내자마자 영혼이 연옥에서 벗어난다는 설교는 단지 인간이 지어낸 이야기일 따름이다. 돈이 헌금 상자 안에서 딸랑 소리를 낼 때 탐욕과 허욕이 틀림없이 늘어 갈 수도 있다. 하지만 교회가 기도를 올리는 경우에 그 결과는 오직 하나님만이 알고 계신다. (27~28조)

면죄부를 갖고 있기 때문에 자신이 확실하게 구원을 받을 수 있다고 믿는 사람은 그런 내용을 가르치는 사람과 함께 영원히 저주받을 것이다. (32조)

금전으로 연옥에서 영혼을 구원하려고 하거나 고해 특권을 사려고 하는 사람은 회개할 필요가 없다고 가르치는 자는 비기독교적인 교리를 설교하는 자이다. 진심으로 회개하는 누구나 면죄부가 없더라도 죄와 벌에서 완전히 면제받을 수 있는 권리를 갖고 있다. 진정한 기독교도는 죽었든 살아 있든 관계없이 누구나 면죄부 없이도 하나님께서 주시는 그리스도와 교회의 모든 은총을 받는다. (35~37조)

가난한 자를 도와주고 필요한 자에게 빌려 주는 행위가 면죄부를 사는 행위보다 훨씬 선한 일이라는 점을 기독교도에게 가르쳐야 한다. (43조)

돈 때문에 경건치 않은 자들이 하나님의 사랑을 받는 경건한 영혼을 연옥으로부터 구원하도록 허락하면서, 오히려 경건하고 사랑하는 영혼의 필요 때문에 순수한 사랑을 연옥에서 구해 내지 않는 것이 하나님과 교황의 새로운 경건함이란 말인가? (84조)

완전한 회개를 통해 사면과 신의 은총을 충분히 누릴 권리를 이미 갖고 있는 사람들에게 교황은 무엇을 사면하거나 교부한단 말인가? (87조)

면죄부 설교자 테첼은 브란덴부르크 감독이 이 논제를 보여 주자 단언을 했다고 한다. 필시 하하하 크게 웃으며 자신만만한 표정이었을 것이다. "이 이단자를 내가 3주 안에 불 속에 집어던질 것이다." 그러나 불행히도 테첼은 그럴 수 없었다. 작게는 작센 지방의 제후 프리드리히가 루터를 보호했기 때문이었지만, 크게 보면 당시의 시대적 분위기가 몇몇 가톨릭 사제들이 그 불길을 막을 수 있는 수준이 아니었기 때문이다. 루터만의 문제가 아니었다. 동시대 개혁자인 스위스의 츠빙글리Ulrich Zwingli나 한 세대 뒤 제네바의 칼뱅Jean Calvin, 농민들과 함께 일어난 독일의 토마스 뮌처Thomas Müntzer 등, 전 유럽으로 확산된 교회 개혁의 외침은 마른 들판의 불길처럼 순식간에 번져 갔다. 가톨릭은 이들에게 닉네임을 붙였다. "저항하는 자들"! 남에게, 특히 반대자에게 이렇게 이름 붙여질 만큼 자기 공동체의 특징을 뚜렷이 표현할 수 있다면 이는 성공이다.

1520년 루터는 그의 신학 사상뿐만이 아니라 향후 유럽 종교개혁 사상의 기조가 되는 주요한 논문 세 편을 연이어 발표한다. 『독일 기독교 귀족에게 고함』에서 그는 독일의 귀족들, 특히 기독교 신앙을 가진 귀족들이 교회 개혁에 앞장서야 함을 촉구하였다. 교회 개혁의 일차적 책임이 성직자에게 있는 것은 맞지만, 현재 그들이 의무를 제대로 수행치 못하고 있는 시점에서는 평신도의 역할이 절실함을 역설했다. 이 글에서 루터는 성직자의 특권적 지위, 교황의 성서 해석 독점권이나 배타적 공의회 소집권이 성서에 근거하지 않음을 지적하였다. 무엇보다 중요한 것은 모든 신자들이 사실상 성직자라는 '만인제사장설'을 천명하였다는 점이다.

교황, 주교들, 사제들, 수도사들을 영적 계층이라고 부르고 영주들, 군주들, 직공들 및 농부들을 세속적 계층이라고 부르는 것은 날조된 것입니다. 이는 정말 거짓이며 위선입니다. …… 왜냐하면 모든 기독교인은 진실로 영적 계층에 속하며, 그들 사이에 직무상의 차이 이외에는 아무 차이도 없기 때문입니다. …… 그도 그럴 것이 세례와 복음과 믿음, 그것만이 우리를 영적으로 만들고 같은 기독교의 백성이 되게 하기 때문입니다. (루터, 『독일 기독교 귀족에게 고함』, 18~19쪽)

성서를 해석하거나 그 해석의 확인이 오로지 교황에게만 속한다고 하는 것은 파렴치하게 날조된 이야기이며, 그들은 이에 대해 한 자도 명쾌하게 증빙하지 못하고 있습니다. 그들은 이 권능 자체를 강탈했습니다. 그들은 그 권능의 열쇠가 베드로에게 주어졌을 때 이미 주어진 것이라고 억지 주장을 내세우지만, 그 열쇠는 베드로에게만 주어진 것이 아니라 전체 기독교인들에게 주어진 것이 너무나 명백합니다. (29쪽)

이어지는 논문 『교회의 바벨론 감금』과 『그리스도인의 자유』에서 루터는 중세 가톨릭교회가 성례전의 의례적 행위의 '포로'가 되어 있는 것이 마치 바벨론 시대 유대인의 포로 생활 같다고 비판하면서 로마로부터 자유로운 평신도 신자들의 권리와 능력을 더욱 강조하였다. 그러나 루터가 '만인의 제사장 됨'을 선포했을 때, 그가 염두에 둔 '만인'은 평신도 귀족 정치가들이었다. 가톨릭의 부패를 척결할 세상 정부의 사명에 '기독교적 정당성'을 부여하기 위해서였을 뿐, 루터는 정말로 모든 평신도들이 평등하게 자신의 제사장권을 삶 가운데서 발휘하길 원하지는 않은 듯했다. 후술하겠지만, 이는 그가 농민혁명을 대하는 태도에서 드러난다.

의기양양했던 테첼이 루터를 화형시킬 수 없었던 이유가 어찌 한둘이랴. 큰 역사적 사건이 언제나 그렇듯이, 루터의 종교개혁이 대중적 성공을 거둔 원인은 복합적이고 총체적이었다. 무엇보다 봉건제의 몰락과 함께 교황권도 급격히 쇠락해 가던 중이었고, 이 와중에 지역 국가의 군주들이 교황을 견제하기 시작했다. 교황과 왕들 사이의 정치적 갈등 상황은 상당수의 제후들과 왕들로 하여금 새로운 종교 세력으로 부상한 개신교적 지도자들에게 호의를 보이게 만들었다. 불과 10년이 안 되어 신성로마제국에서만 19명의 제후들이 개신교를 지지하였고, 길고 치열한 세력 싸움 끝에 "한 사람의 통치자가 있는 곳에 하나의 종교가 있다"라고 선포한 아우구스부르크 평화조약(1555년)이 체결되었다. 이로써 지방 제후들이 자유로이 종교 성향을 선택할 수 있게 되었고, 그의 통치 아래 있는 신민들은 제후의 종교를 받아들이는 것을 원칙으로 하되 그게 싫으면 떠날 권한이 주어졌다. 이제껏 없던 '종교의 자유'가 개인에게 주어졌고 삶이 운명이 아닌 '선택'이 되는 근대적 조건이 이렇게 시작되었다.

루터를 위시한 개신교적 종교 지도자들을 반긴 보다 큰 세력 집단은 소위 제3세력이라 범주화되는 부르주아였다. 봉건제의 몰락과 함께 농촌 경제도 몰락하였고 무역 중심의 자유도시들을 중심으로 상인과 행정가 계층이 형성되던 시절이다. 아직 근대적 개념의 시민이 생겨나기 전이었으나, 이들은 기술의 발전과 더불어 자본주의 경제체제를 형성하며 세를 키우고 있었다. 이 새로운 세력들은 이미 기득권을 가진 가톨릭-귀족 연합을 달가워하지 않았고, 자신들의 정체성을 설명해 줄 새로운 사상을 필요로 했다. 때문이 이들이 새로운 종교인 개신교에 힘을 실어 주게 되는 것은 자연스런 귀결이었다. 결국 중세적 유럽의 질서와 제도에 대한 일련의 저항운동은 종교개혁자들과 인문학자들, 상인들, 행정가들과 제후들이 결속된 대규모 개혁운동이었다. 이 무렵 개발된 금속활판 인쇄기는 안 그래도 폭탄같이 위험한 이들의 발언과 사상들을 대량으로 찍어 유럽 전역에 투하했다.

빈민과 농민들도 루터의 메시지에 나타난 해방적 내용에 열광했다. 특히나 "가난한 이웃을 보고서도 면죄부를 사려고 이들을 무시하는 사람은 교회의 면죄부를 사는 것이 아니라 하나님의 진노를 사는 행위임을 신자들에게 가르쳐야 한다"라는 조항(45조)은 양심 있는 신앙 실천에 대한 기대감을 고조시켰다. 로마교회에 대한 반감과 성직자들의 축재에 대한 증오감이 이미 독일 사회에 만연해 있던 터에 전해진 '복음'이었다. 루터의 개혁 선언에 동조하며 카리스마적인 열정을 가진 순회 설교가들(스트라스부르의 마르틴 부서, 바젤의 콘라트 펠리칸, 고타의 프리드리히 미코니우스 등)이 책을 읽을 수 없는 민중 계층에게 그의 사상을 전했다. 이들은 대중들에게 쉽고 인상적으로 다가갈 수 있는 매체인 민속 음악과 판화 등을 활용하여 폭발적인 반응을 얻어 냈다.

종교개혁적 사상에 고무되어 도처에서 신앙의 이름으로 현실의 억압적 제도를 타파하려는 운동들이 우후죽순처럼 일어났다. 특히 토마스 뮌처가 이끈 농민반란은 그 혁명적 실천성이 종교 영역에만 국한된 것이 아닌 사회 전면적인 개혁안이었다. 수공업자, 광부, 직조공들이 많은 교회의 목회자였기에 무엇보다 봉건적 질서의 부조리와 모순을 잘 알고 있었던 뮌처였다. 그가 주도한 반란에 주변 지역의 농노들도 뒤를 따랐다. 농민들은 스스로 사제를 선택하길 원했고 농노제 자체가 종식되어야 한다고 주장했다. 주체의 선언이었다. 그리고 그 주장의 근거를 성서와 올바른 신앙에서 찾았다. 이전에도 턱없이 높은 세금과 고리대금에 불만을 품고 일어난 산발적인 농민 봉기들이 없었던 것이 아니었으나, 이렇게 성서적 근거를 조목조목 나

열하며 자신들의 주체적 인권을 주장한 사례는 처음 있는 일이었다. 뮌처의 주장에 동조한 농노들의 수가 점점 늘어나 독일 전 지역을 휩쓸었고 특히나 뮌처가 이끈 1524년의 농민전쟁은 제후들과 귀족들을 위협할 만큼 커다란 것이었다.

그러나 놀랍게도 루터는 뮌처의 혁명적 실천에 비판적이었다. 무엇보다 폭력적 저항운동을 규탄하면서 루터는 농노들에게 정부에 복종할 것을, 제후와 귀족들에게는 농민봉기를 진압할 것을 강하게 촉구하였다. '폭도'들에 대항하러 가는 귀족의 군사들에게 루터는 하지 말았어야 할 말을 하고 말았다. "할 수 있는 자는 찌르고, 치고, 목을 조르라. 만약 죽는다면 복된 것이며, 더 복된 죽음을 너는 결코 다시 얻지 못하리라." 어쩌면 좋나. 이는 십자군 전쟁을 성전聖戰이라 선포하던 중세 교황과 별반 다르지 않은 권면이었다. 기득권을 지키기 위해 신의 이름으로 살인을 정당화하다니……. 결국 이 농민봉기는 1년 만에 유혈 진압되었고 뮌처는 참수형을 당했다. 그러고 보면 어느 뛰어난 개혁자의 사상도 모든 면에서 개혁적이지는 않은 것 같다. 평신도들에게 신민이 아닌 주체로, 종이 아닌 자유한 개인으로서 살아갈 욕망을 불러일으켰던 루터의 '만인제사장' 사상도 결국은 '경계'가 있었으니 말이다. 실질적으로 그가 신 앞에 평등하다고 선언한 '만인'은 평신도 독일 귀족과 제후들이었을 것이다. 로마를 중심으로 한 가톨릭의 종교 정치에 대항하여 독일 지역 제후들과 귀족들이 하나님께서 부여하신 영적 평등성을 근거로 그들에게 대항하고 개혁의 주체가 되라는 것이 루터가 의도했던 내용의 전부였을 것이다. 농노들마저 제사장 된 만인에 속한다고 그리 듣고 일어날 줄은 예상치 못했던 일이었을 터이다. 그러나 비록 완전히 보편적이지만은 않았던 '평신도 주체의 선언'이라 해도 루터의 만인제사장설은 주체로서의 인식과 권리 선언을 하는 무리를 점차 확대시켜 나가는 물꼬를 텄다는 점에서 이후 도래할 새로운 사상과 이에 기초한 세계를 준비했다고 평가할 수 있다.

2. 영국의 청교도들, 경건을 사회화하다

1) 청교도, 그들은 누구인가?

루터보다 한 세기쯤 뒤에 전개된 청교도 운동은 종교개혁 다음으로 개신교 교회 전통에 큰 영향을 미쳤다. 무늬만 개혁 교회인 영국 국교회의 가톨릭적 요소를 철저히 걷어 내고자 했기에 운동성이 매우 강했던 청교도 사상은 16세기 중반 영국을 근거지로 출발했지만, 그 핵심적 주장은 현재에 이르기까지 개신교 주류의 신앙고백과 실천 속에서 광범위하게 지속되고 있다.* 청교도들과 그들의 후손이 끼친

---

* '기독교', '개신교', '청교도'라는 용어가 혼용되는 것이 다소 혼란스러운 독자들도 있을 수 있겠다. 기독교 전통이나 역사에 익숙하지 않다면 기독교 신자들도 마찬가지일 것이다. 기독교는 크게 세 전통으로 나뉜다. 가톨릭, 개신교, 그리고 동방정교회. '보편교회' 혹은 '하나의 교회'를 뜻하는 가톨릭은 제도화된 기독교의 최초의 이름이다. 동방정교회는 교리 논쟁과 여러 가지 정치적 이유로 11세기에 가톨릭과 결별하였다. 성령이 하느님 '아버지'와 '아들' 예수로부터 오느냐 아니면 '아버지'로부터만 오느냐를 놓고 의견이 팽

영향력은 비단 종교적 영역에만 국한되지 않았다. 근대 사상과 제도에까지 자리 잡은 이들의 '별난 경건'의 핵심은 무엇이었을까? 근대 세계의 건설에서 이들의 사회적 위치는 어떠했을까? 이들이 경건의 이름으로 근대사회 안에 제도화한 가치와 습성들은 무엇일까?

청교도라는 명칭은 '흥을 깨는 사람', '꽁생원', '위선자' 등의 의미를 담아 영국 국교회 쪽 사람들이 다분히 비난조로 불러온 이름이다. '적들'(국교회교도들)도 인정할 정도로 이들의 경건은 유명했고 유난 맞았다. 오늘날 경건한 신자들이 이구동성으로 외치는 '주일성수主日聖守'를 경건 실천의 형태로 정착시킨 이들이 바로 청교도들이다. 물론 그 뿌리야 '안식일을 거룩하게' 지켰던 유대교 전통까지 올라갈 수 있지만, 유럽에서 주일을 경건하게 보내기 위해 노동 행위나 회합을 일절 금하는 것은 17세기 초반 영국에서 제도화되었다. 물론 청교도들의 투쟁의 결과였다. 청교도들이 영국인에게 일요일을 준 셈이고, '해가 지지 않는 나라' 영국의 제국주의적 욕망이 촉진한 근대 세계가 전 지구적으로 건설된 까닭에 종교적 의미를 벗겨낸 근대

팽하게 대립하다가(유명한 '필리오케 논쟁') 그리되었다. 이후 개신교, 즉 신앙을 새롭게 고친다는 종교개혁적 종파들이 등장한 것은 16세기 마르틴 루터 이후의 일이다. 청교도는 이 개신교 집단 중에서 영국적 배경을 가지는 사람들이다. 대륙의 종교개혁 주장에 고무되었으나 영국 국교회의 개혁이 성에 차지 않아 신앙에 입각해 교회와 사회를 바꾸려 했고 결과적으로 영국의 근대 시민혁명을 주도했던 사람들이다. 포함 관계로 말하자면 '기독교'가 가장 포괄적 용어이고, 개신교는 기독교를 구성하는 세 전통 중의 하나, 그리고 그중 한 집단이 청교도인 셈이다. 따라서 이 책에서는 기독교 일반을 지칭할 때, 이와 비교하여 개신교만을 언급할 때, 그리고 그중에서도 청교도 전통만을 묘사할 때 각각 용어를 다르게 사용했다.

제도, '일요일 휴무'가 삶의 '당연'으로 모든 근대인에게 주어졌다. 청교도들은 '주님의 날' 하루 전체를 하나님을 향한 예배와 성도 간 교제를 위해 사용해야 한다고 가르쳤다. 이윤 추구를 위한 노동은 불가하며 오직 영적인 활동만 권장되었다. 공부나 사업, 유흥은 절대 금지였다. 청교도 목회자들은 이렇게 권면했다.

> 기도와 묵상으로 주의 날을 준비하라. 스윈녹은 말한다. "당신이 토요일 밤에 당신의 마음을 하나님께 맡겨 두면 주일 아침에 주님께서 도로 찾게 될 것이다." "정시에 자고 주일에 졸지 않도록 하라." 가장들은 자기 가족들을 주일 아침에 늦지 않게 모으고 하루 종일 영적 교훈을 모두 충족하게 받도록 준비시키라. 가장들은 설교 말씀을 가족들이 기억하도록 하라. 그리고 식사 때 자유로운 토론을 하게 격려하고 설교의 대지들을 반복하게 하라. 주일날에 받은 가르침과 은혜들을 주중에도 지니도록 하라. (헐스, 『청교도들은 누구인가?』, 193~194쪽)*

---

* 청교도 문서들은 16~18세기 고문서들로서 구전 편집본이 많고 자료 접근이 용이하지 않은 반면, 출처가 다양한 청교도 설교자들의 단편적인 글들을 모아 소개한 2차 자료들은 영미권에서 비교적 풍부하게 출간되었다. 위에서 인용한 에롤 헐스나 하워드 진의 저작처럼 다수의 2차 자료들이 세세한 원문 출처 대신 저자와 자료 이름만을 밝히고 직접 인용한 경우가 많고, 전문 학술서가 아닌 이 책의 특성상 자료들의 출처가 다양하고 긴 목록일 경우는 이들을 모아 분석한 2차 자료의 쪽수만을 밝히기로 한다. 그러나 호기심이 있거나 더 공부하기 원하는 독자들을 위해 중요한 1차 자료들은 책 맨 뒤의 참고문헌 목록에 포함시켜 놓았다.

대박! 21세기에 이 권면을 읽는 청소년이라면 이렇게 말했을지
도 모른다. 토요일 밤부터 온 마음과 정성으로 가족적 차원에서 준비
하는 주일성수가 어쩌다 보이는 지독한 복음주의적 목회자 가정이
아니라 평신도 대부분의 일상적 습관이었다는 것을 알면 얼마나 놀
랄 일일까? 사실 아직까지도 주일의 경건 실천을 문자 그대로 지키
는 사람들이 소수지만 존재한다. 가끔 주일날 간식 사 먹었다고(돈을
썼으니 경제행위를 한 거다) 장로님인 아버지에게 된통 맞은 친구, 심
지어 시험 공부하러 도서관에 갔다고(세속 행위를 한 거다) 혼났다는
후배도 본 적 있다. 지금은 같은 개신교도끼리도 어이없을 그런 엄격
한 규율이 16~17세기 영국의 경건한 청교도 가정에서는 '일상'이고
'당연'이었다.

청교도 지도자들은 매일 이른 새벽 기도로 하루를 시작하고 식
사 전후에도, 일하기 전에도, 자기 전에도 기도하는 습관을 자신은
물론 온 가족과 교인들에게 강조했다. 경건한 가장들은 아이들에
게 매일 하루를 신앙적으로 돌아보는 일기를 적게 하였으며 성실하
게 노동하고 단 몇십 분의 무의미한 휴식이나 오락도 금했다. 존 브
래드퍼드John Bradford, 리처드 그리넘Richard Greenham, 리처드 로
저스Richard Rogers, 윌리엄 퍼킨스William Perkins, 윌리엄 구지William
Gouge 같은 목회자들은 자신의 책무를 소명으로 여기며 남다른 성실
성(혹은 '과도한 노동 의욕')을 보인 대표적인 청교도 지도자들이었다.

청교도들은 그저 성경 읽고 영적 생활만 즐긴 고매한 사람들이
아니었다. 이들은 근면 성실한 생활인이었다. 로저스의 경우, 대가족

을 돌보면서 가장과 농부, 설교자, 목회자, 개혁자, 사립학교 교장으로서 끊임없이 일한 경력을 가지고 있다. 실제적인 경건 생활에 대한 그의 저서 『일곱 가지 권면』은 1603년 출간되어 1630년까지 7판이나 찍힐 정도로 호응을 얻었다. 청교도 지도자들은 공부 모임이든 강연이든 한 번의 결석도 없이 성실하게 자신의 몫을 탁월하게 감당했다. 윌리엄 구지의 경우는 대학 시절 병이 났을 경우를 제외하고는 9년간 새벽 5시 30분 학교 기도회를 단 한 번도 빠지지 않았다 한다. "영적 자질과 행정적 재능을 겸비한" 이 경건한 능력자들이 보여 준 모범적 삶과 메시지는 동시대 유럽의 가톨릭 사제나 영국 국교회의 고위 성직자들과는 분명 다른 모습이었다. 그들이 가진 영적 감화력과 도덕적 생활 덕분에 청교도 목회자들은 17세기 초반 영국 국교회 목회자들의 약 10퍼센트에 불과했었음에도 점점 더 대중에게 그 영향력을 확산해 갔다(힐스, 『청교도들은 누구인가?』, 53~55쪽).

청교도 지도자들은 대부분 다작가였다. 청교도들을 위한 선구자였던 윌리엄 틴데일William Tyndale은 옥스퍼드 석사 출신으로 성경 번역 금지에 반기를 들고 평신도들에게 평이한 영어 성경을 선물로 준 인물이다. 영적 권위를 내세우며 성경 보급의 대중화를 반대하던 적에게 틴데일은 "하나님이 내 목숨을 살려 주시면 머지않아 소 모는 아이라도 당신보다 성경을 더 잘 알도록 하겠소"라고 자신했다고 전한다(힐스, 『청교도들은 누구인가?』, 39쪽). 결국 국교회에 의해 '범법자'가 되어 유럽 대륙으로 도망쳐 평생을 쫓기다 잡혀 교수형에 화형까지 당하고 말았지만, 그의 글은 수집되어 이후 대중에게 전해지면서 청교도 혁명의 토대를 형성하게 된다. 존 오웬John Owen은 25권에 달하는 전집 분량을 출판하여 후대의 학자들로부터 '청교도의 왕자'라는 애칭을 얻었고, 시민전쟁 동안에 크롬웰Oliver Cromwell이 이끄는 군대의 군종이었던 리처드 백스터Richard Baxter 역시 『크리스천 핸드북』 등의 저서를 통해 하나님과의 관계, 가족·교회·직업·국가와의 관계에 대한 지침을 가르쳤다. 『천로역정』으로 잘 알려진 존 버니언John Bunyan 또한 청교도 정신의 확산에 큰 공을 세운 작가이다. 특히나 크롬웰의 실정 이후 다시 권력을 장악한 왕당파에 의해 1662년 국교회를 엄격하게 따르는 법령이 통과되고, 이후 비국교도에 대한 제도적 탄압을 겪던 상황에서 이들의 저작은 사사화·내면화된 청교도들에게 영적 양분을 제공해 주었다. 성공회 성직자였던 토머스 로저스Thomas Rogers는 청교도의 저력을 제대로 알아보았다. "이 사람들은 패배하였으나 죽지 않았고 저 구석에 후퇴하여 있더니 새로운 방법으로 우리들을 공격하기 시작했으며, 그 반격은 평신도들을 목표로 쏟아 부은 수많은 책들이었다"(원종천, 『청교도 언약사상』, 35~36쪽).

경건한 실천은 비단 청교도 목회자들과 그들에게 영향을 받은 평신도 가정의 영역에서만 진행된 것이 아니었다. 1645년 재편된 의회파 '신모범군'New Model Army의 기병대 장군 크롬웰은 경건과 능력의 샘플이었다. 영국에 그런 군대는 일찍이 없었다고 전해진다. 엄격한 도덕의식과 하나님에 대한 경외심으로 가득한 지도자와 병사들! 크롬웰의 군대는 술 취하지도, 노름을 하지도, 시민들의 재산이나 여자를 탐하지도 않는 경건한 신앙의 사람들이었고, 싸우러 나가기 전에 열정적으로 기도하는 군대였다. 그들의 경건 실천은 적인 왕당파까지 인정하는 마당이었다. 이들은 백전백승이었고 군대의 이름마따나 신앙 후손들에게 '신앙에 입각한 세속적 싸움'의 '모범'이 되었다(힐스, 『청교도들은 누구인가?』, 69쪽).

왕당파와 의회파의 권력 다툼에서 일어났던 시민전쟁의 승리로 아주 짧은 기간이었지만 청교도들은 제도적 권력마저 누릴 수 있었다. 찰스 1세 시절 청교도에 적의를 품은 주교가 가톨릭을 닮은 국교식 예배 의식을 강요했다. 이에 반발한 스코틀랜드 장로교파 사람들의 반기를 시작으로 개신교 신앙을 가진 사람들에 의해 소위 시민전쟁(1642~1649년)이 일어났다. 이 전쟁판에서 귀족과 젠트리(신사계급)는 국교회를 지지하는 왕당파와 개신교를 지지하는 의회파로 각각 반으로 갈리게 되었다. 역사의 추는 의회파의 정치적 주장 쪽으로 기울어 갔는데, 이 정치적 싸움에서 청교도 사상은 의회파의 정신적 지주가 되었다. 왕당파와 의회파의 권력 다툼이 전적으로 종교적인 것은 아니었으나, 그럼에도 양자가 기댄 종교 전통은 확연히 구분되었다. 영국 왕정과 성공회의 결탁, 그에 대한 견제 세력으로 의회와 청교도의 대결 구도가 진행되던 17세기, 청교도 운동은 의회가 정치적 독립 세력이 되는 데 큰 영향력을 끼쳤다. 젠트리, 의회의원, 변호사, 기술자 등 소위 '제3의 계급'이라 불리는 전문가 개인들에게 영향을 준 것이 청교도 신앙이었기 때문이다. 개인의 신앙적 경건의 추구와 끊임없는 영적 연단鍊鍛을 강조하고, 참여적 개인으로서 가정과 사회, 나라를 개혁하는 '하나님의 도구'가 되어야 함을 선포하는 청교도 신앙은, 1640년대 젠트리, 상인, 전문가들을 매혹시켰다. 더구나 이들은 이미 '피의 메리'를 경험한 사람들이었다. 재임 기간 (1516~1558년) 중 270명 이상의 개신교도들을 공공장소에서 끔찍하게 죽인 여왕을 보며 이들은 '한 사람의 결정으로 좌지우지되는 통치 질서', 즉 절대왕정에 반감을 가지게 되었다. "만약 우리가 왕을 아흔 아홉 번 이기고서도 그와 그의 후손이 여전히 왕위에 앉아 있으면 우리도 여전히 그의 백성이 되오. 그러나 왕이 우리를 단 한 번만 이기도 우리 목이 떨어지고 우리 후손들도 망하게 될 것이오"(헐스, 『청교도들은 누구인가?』, 67쪽). 의회파인 맨체스터 백작의 말처럼 의회파에게 승리는 생사가 걸린 절실한 문제였다. 이런 상황에서 대륙에서 불어오는 종교개혁 사상의 핵심 주장들, 즉 성직자와 동등한 평신도의 영적 권위나 세속을 살며 일상에서 하나님의 뜻을 실천해야 하는 그리스도인의 소명 교리는 종교적 의미 이상이었다.

2) 언약 그리고 소명

6일간 세속을 살다가 7일째 되는 주일에 모여 목사가 자신들의 삶을 해석해 주기를 기다리던 사람들, 그리고 그 해석에 입각하여 다시 세속적 삶을 통해 경건을 실천하던 사람들. 다른 개신교도들과 마찬가지로 청교도들은 결코 세상을 신앙과 분리하여 이해하지 않았다. 이들에게 세상은 마귀의 통치 영역도, 곧 멸망할 한시적 공간도 아니었다. 하나님이 창조하신 선한 영역이요 하나님의 질서대로 회복되어야 하는 하나님의 통치 영역이라고 받아들였다. 그래서 역사에 있어온 어느 기독교인들보다도 더 열정적으로 세상일에 참여하려 했고 세상을 주의 뜻대로 변혁하려 힘썼다. 개인의 직업은 이러한 실천의 일환이기에, 아직까지도 개신교 예배의 마지막은 '파송'으로 마무리된다. "가서 앞으로의 6일을 주님의 뜻대로 살아가십시오!" 경건한 개신교도들은 사막이나 수도원이 아닌 세상의 중심으로 주일마다 그리스도의 경건을 실천하러 파송받아 나가는 전도자요 투사이다.

이들은 하나님과 신자 개인 사이에, 교회 공동체 사이에, 그리고 그들의 사회생활 가운데 '언약'covenant 관계, 즉 서로의 신뢰를 바탕으로 사랑과 순종의 관계성이 성립되어야 함을 강조하였다. 취리히의 개혁신학자 츠빙글리를 비롯하여 루터와 칼뱅, 하인리히 불링거Heinrich Bullinger에 이르기까지 언약 사상은 개신교 전통 안에서 다양한 강조점을 가지고 발전했다. 영국에 들어온 개신교의 언약 사상은 국교회와의 정치적 갈등을 겪으며 '반체제운동'으로 분류되어 탄압을 받게 되었는데, 이 과정에서 '개인 언약'의 특성이 강화되었다. 즉 교회나 사회제도적 개혁을 도모하는 공적 투쟁에서 후퇴하여 신자 개개인이 하나님과의 관계성 안에서 자신의 영적 상태를 개혁하고 가정 윤리, 개인적 봉사와 자선을 강조하는 방향으로 전개되었다. 케임브리지 대학 출신의 엘리트 청교도 지도자들은 언약 사상을 체계적으로 정리하였다. 윌리엄 퍼킨스, 존 프레스턴John Preston, 윌리엄 에임즈William Ames, 존 코튼John Cotton, 윌리엄 구지, 토머스 굿윈

Thomas Goodwin 등이 영국에서 개신교의 언약 사상을 심화시켰다. 그들의 저술을 통해 영감을 받은 신자들은 개인적 경건 생활에 몰두하였다.

청교도들은 가톨릭에서 말하는 '행위로 인한 구원'을 철저하게 배격하였다. 대부분의 개신교도들과 마찬가지로 청교도들은 인간이 자유의지를 가지고 도덕적 실천이나 선의 수행을 통해 구원에 이를 수 없다고 가르쳤다. 수도원이나 가톨릭교회에서 선포되는 '벌을 면하는 행위'와 그 상업화에 대한 혐오와 저항이 가득했던 그들로서는 당연한 인간론이다. 행위 구원을 전적으로 거부하는 이들의 신앙은 죄악된 인간성에 대한 믿음에서 비롯된다. 도대체 인간이 자신의 구원을 위해 할 수 있는 것이라고는 없다. 인간 이성과 의지가 하는 것은 오로지 죄를 짓는 것밖에 없다는 아우구스티누스적 인간 이해를 거의 그대로 답습한 셈이다. 수많은 청교도들의 일기에는 자기의 죄와 결함을 고백하고 회개하는 문구들로 가득 차 있다. 그리고 이런 영적인 자기반성은 흔히 '경건' 혹은 '신앙 실천'으로 동일시된다. 윌리엄 애덤스William Adams나 토머스 셰퍼드Thomas Shepard와 같은 대표적인 청교도 설교자들은 "자신에 대해 겸손하고 천하고 초라하게 생각하는 사람들이 진실로 복 있는 사람들"이라고 강조했다. 진정으로 경건한 신자들은 "주님의 벌레들"이다. 때문에 신자들이 행여 의로움을 알고 실천하려 한다고 해도 그는 단지 "더러운 누더기에 불과"하다고 보았다. 천국에서 큰 자가 누구인가? 이들에 따르면 "항상 정신적으로 자신들의 비천한 위치를 유지하는 사람들이 천국에서 가장 큰 총애를 받는 사람들"이다(카든, 『청교도 정신』, 60~61쪽). 자기 제한이나 자기수축이 경건 실천으로 풀이되는 가장 전형적인 설교들이다. 많은 경건한 청교도들이, 그리고 그의 육적·영적 후손들이 여전히 자신의 골방에서, 그리고 매 주일 공중예배 시간에 이렇게 고백한다. "주님, 이 벌레만도 못한 죄인을 이토록 사랑하셔서······." 결국 개신교도의 인간 이해는 예배당 앞에 무릎 꿇고 가능한 한 가장 낮은 자세로 엎드려 자신의 무능과 무력을 고백하는, 자기존중감에 있어서는 바닥을 치는 개인이다. 도대체 자신의 구원을 위해서 할 수 있는 것이라고는 하나도 없는 전적 타락의 존재, 그러나 그런 죄인을 하나님이 은혜로 말미암아 구원해 주시기로 선택하셨다는 것이다. 구원의 감격은 청교도들로 하여금 하나님을 향한 전적 신뢰, 전적 순종의 관계인 개인 언약을 자발적으로, 그리고 열정적으로 실천하게 만드는 동력이 되었다.

청교도 신학자들과 설교자들은 하나님과 언약 관계에 있는 신자 개인이 세속 직업에서 '소명'calling을 가진다는 것을 강조하였다. 자아에 대한 철저한 부정과 직업에서의 소명은 특별한 방식으로 연결되었다. 도대체 자신의 구원을 위해 아무것도 할 수 없는 신자 개인이 하나님의 은혜로 말미암아 구원을 얻는다면, 그 은혜에 감격한 개인은 이 땅을 살아가는 동안 하나님께 영광을 돌리는 방식으로 그 기쁨을 표현해야 한다는 것이다. 조금은 단순화된 비유로 들자면 '선불을 받고 일하는 노동자'의 모습이다. 일하는 동기가 '돈'에 있다면 임금을 선불로 이미 받은 마당에 아무래도 일에 임하는 자세가 해이해지기 쉬울 터이다. 그러나 같은 순서가 신앙의 차원에서는 달리 받아들여졌다. 이미 하나님의 은혜로 구원받은(보다 정확하게는 '구원받기로 선택된') 개인은 미리 주신 은혜에 감격하여, 매일의 일상을 하나님의 뜻이 이 땅에 이루어지는 일에 참여하는 '하나님의 도구'로서 최선을 다해야 했다. 현재의 상태에 자족하고 머무르는 것은 단순히 도덕적인 게으름만이 아니라 불신앙으로 해석되었다. 그리스도인의 삶을 경주에 비유한 이들은 세속 직업이나 활동을 통한 재화 획득과 성공이 구원 수단은 아니나 '구원 상태를 입증'한다고 가르쳤다(이는 칼뱅의 독특한 노동 윤리를 낳았는데, 이에 대해서는 3장에서 자세히 다룰 것이다). 하나님 앞에 만인의 평등함은 분명 해방적 선포였으나, 때문에 자신의 구원에 대해 다른 인간이나 제도에 의지할 수 없었던, '전대미문의 내적 고립감'에 시달리던 개인들은 자신의 영혼 구원의 상태를 확인하고자, 자신들은 이미 은혜로 구원받은 하나님의 도구로서의 맡겨진 사명에 열심을 다하고 있음을 스스로에게도, 동료 신자들에게도, 그리고 세상에도 알려야 할 내적 동기를 갖게 되었다.

이제 세상에서 직업을 통해 자신의 소명을 실천하는 일은 '경건의 실천'으로 간주되었다. 하나님의 도구로서의 신자 개인은 근현대 경제 관료제, 행정 관료제 안에서 전문가로서 기능하는 '전문기계'와 같은 관료의 모습과 닮아 있다. 막스 베버의 용어 '선택적 친화성' elective affinity은 비단 자본가들의 경제적 윤리와 자본주의 정신 사이에만 적용되지 않는다. 이 세상에서 경건을 실천하는 '하나님의 도구'는 자기 자신을 끊임없이 업데이트하는 현대 관료제적 인간형과 중첩된다. 이렇게 '자기비하적인 자아관'과 '과도한 노동 의욕'은 기이한 형태로 경건한 개신교도 안에서 공생하게 되었다. 자아존중감에 관한 한 청교도는 이전의 금욕적이고 자기부정적인 기독교 선배들과 별반 다르지 않았다. 청교도들이 중세의 가톨릭과 다른 점은 결코 평신도들을 죽음 이후의 공포로부터 자유케 했다는 점이 아니다. 이들이 부정한 것은 연옥이지 지옥이 아니었다. 청교도를 포함하여 개신교도들이 제거한 구원 과정의 장치는 가톨릭교회라는 '제도적 매개체'였을 뿐이다. 더 이상 면죄부나 사제의 사면이 평신도의 죄를 사하지 못한다. 그것이 구원에 관한 것이라면 더더욱 그러하다. 이러한 선포는 평신도들을 가톨릭교회로부터는 자유롭게 했지만, 자신의 구원 상태를 확인하는 길에 있어서는 더욱 두렵게 만들었다. 여전히 지옥의 끔찍함이 설교되는데, 자신이 구원을 위해 할 수 있는 일이 없다. 다만 그가 구원받기로 선택된 자라면 그는 하루하루의 일상을 주의 뜻에 맞게 살아갈 것이 뻔하다. 삶 속에서 하나님의 계획을 실천하기 위해 주력하는 신자는 분명 구원 상태에 있는 자요 하나님의 은총이 그와 함께할 것이기 때문이다. 결국 개신교도의 경건 실천은 구원을 받기 위한 수단이 아니라, 구원받은 이후 회심자의 당연한 삶의 자세로 이해되었다. 구원 상태에 있는 개신교도는 자신의 일을 통해 하나님께 영광을 돌리기 위해 전투자의 자세로 일상의 소명에 임한다. 어느덧 자기를 부인하는 경건한 신자는 일상을 조절하는 자기통제를 통해 구원받은 상태의 이상적인 신자의 모습으로 자기를 완성해 가는 동안 세속적 능력을 그 대가로 획득하게 되었다.

시간과 열정, 자원, 에너지……. 내가 가진 모든 능력을 최대화하는 극단적인 자기통제 및 자기조절은 모든 경건한 청교도들의 공통된 모습이다. 평생 14명의 자녀를 낳았고 400권의 책을 쓴 놀라운 '능력'을 보여 준 뉴잉글랜드의 청교도 코튼 매더Cotton Mather는 가장 전형적인 모범이다. 계몽적인 메시지를 전하는 저술 활동에 열심이었던 그는 1690년 '모든 사람에게 있어 공공정신의 필요성과 유익들에 대한 논설'이라는 부제가 붙은 저서에서 청교도의 자기제한을 이렇게 묘사했다. 경건한 신자는,

> 하나님과 하나님의 백성의 사업에 필요할 때 우리 자신의 휴식과 즐거움을 기꺼이 희생해야 한다. 우리의 재산 즉 우리의 모든 개인적 소유들을 희생해야 한다. 우리의 시간도 기꺼이 희생해야 한다. 필요하다면 우리의 생명도 기꺼이 희생해야 한다. 하나님의 영광을 위해 먹고 마시라고 말씀하셨다. 모든 음식 조각, 모든 물 한 방울도 그렇게 해야 하며, 우리에게 있다고 판단되는 것은 무엇이나 하나님의 영광을 위해 바쳐질 수 있다. 만일 그렇게 한다면 하나님의 백성에게도 유익이 될 것이 분명하다. (카든, 『청교도 정신』, 190~191쪽에서 요약·정리)

경건한 청교도는 이제 자기제한과 자기성취, 근면절약과 재물의 축적, 절제와 탐욕 사이를 오가며 신앙에 의해 동기부여된 생활인으로 살아가게 되었다. 아니, 그렇게 살아가야만 했다.

3. 미국에 세우는 '하나님의 도성'

1) 청교도, 신대륙에 상륙하다

청교도의 언약 사상과 소명 의식이 지닌 사회적 차원은 미국의 탄생
이라는 정치적 특수 상황에서 본격적으로 세속적인 실체를 갖게 되
었다. 17세기 초 영국을 떠나 미국 동부에 정착하여 새로운 영국(뉴
잉글랜드)을 세우고자 했던 청교도들은 영국 동료들이 개인적 차원
에서 실천한 영혼의 경건이나 직업 소명 정도로 만족하지 않았다. 이
들의 '거룩한 욕망'은 새로운 땅을 하나님의 도성으로 만드는 것이었
다. 보스턴의 존 윈스럽John Winthrop, 존 윌슨John Wilson, 토머스 후
커Thomas Hooker, 콩코드의 피터 버클리Peter Berkeley, 케임브리지의
토머스 셰퍼드 등과 같은 청교도 지도자들은 '경건'의 이름으로 세상
에서 참여적으로 일해야 하는 신도의 역할과 책임을 강조했을 뿐만
아니라, 사회 언약 사상을 통해 미국의 교회와 정부를 신실한 사회공
동체로 건설하려 했다.

　'사회 언약'의 씨앗은 이미 영국에서 만들어졌었다. 다만 여러
가지 정치적인 이유에서 싹트지 못했을 뿐이다. 언약의 주체적 결단
을 강조하는 청교도들은 세속 '시민'(혹은 '신민')과 '신자'를 동일시
하는 가톨릭이나 국교회의 교회 회원제를 거부하였다. '출생이 운명'
이 되는 전통사회에서는 신분뿐만이 아니라 신앙과 교회의 회원 자
격도 개인의 의사와 상관없이 '주어지는 것'이었다. 가톨릭 영주가

다스리는 땅에서 태어난 사람은 자동으로 해당 교구의 신자가 되었고 회원으로 관리되었다. 이러한 비자발적 회원제가 신앙의 자발성과 결단의 순간을 약화한다고 믿었던 청교도들은 그들의 교회관에 기초하여 영국 국교회로부터 '독립' 혹은 '분리'를 꾀하게 되었다. 교회 구성원 개인의 자발적 결단과 책임, 의무 수행으로 이어지는 교인 자격의 이해는 근대 민주주의적 의회정치를 위한 제도적·인성적 훈련을 시킨 셈이기에 단순히 종교적 의미만을 가지지 않는다.

영국 성공회 목사였으나 1579년부터 분리주의적 성향의 설교를 시작했던 로버트 브라운Robert Brown이 영국 최초의 분리파 교회를 세웠다. 브라운은 교회를 "거룩한 공동체로서 하나님과 그리스도의 통치하에 있으며, 하나님의 율법을 지키겠다고 하나님과 자발적 언약을 맺은 믿는 자들의 무리"라고 정의했다(원종천, 『청교도 언약사상』, 164쪽). 신자 개개인의 신앙적 결단에 의한 자발성의 강조는 신민과 신도의 중세적 결합을 해체시켰다. 가장 중요한 교회의 정체성은 '세상으로부터의 구별'이었다. 이런 사상은 영국 성공회의 교회 관리와는 정면 배치되는 것이었고, 때문에 결과적으로 분리파 청교도(우리가 흔히 '순례자'Pilgrim라고 알고 있는 집단)가 영국을 제일 먼저 떠났다. 이들은 영국 교회로부터의 탄압과 투옥의 위협을 피해서 개신교적 신앙을 허용하는 네덜란드로 망명을 하거나 뉴잉글랜드로 이주했다.

분리파 청교도들은 네덜란드를 거쳐 1620년에 미국 동부 플리머스에 도착했다. 이들은 자신의 영토 안에 정착촌을 건설해도 좋다는 미국 버지니아회사의 허락으로 이민을 선택했는데, 영국 정부가 이를 허용한 이유가 흥미롭다. 종교적 이유에서 이주한다 할지라도 청교도들이 미개척지를 개간하고 개발하는 육체적 노동력을 제공하고 이윤을 창출한다면 상업회사나 영국 정부에게는 손해날 일이 아니었기 때문이다. 누군가는 새로운 식민지 땅을 개간해야 했고, 경건의 이름으로 무장된 노동 의욕 충만한 청교도들은 그야말로 최적의 인적자원이었다. 런던의 무역상들과 버지니아회사는 이 노동자들의 열정이 지속되기 위해서 반드시 "자유로운 신앙 생활을 보장해야 할 필요성"이 있음을 알고 있었다. 이 영리한 상인들은 부의 증진과 신앙의 자유를 맞바꾸기 위해 영국 왕실과 협상을 하였고 얻고자 하는 바를 얻었다(허드슨·코리건, 『미국의 종교』, 48쪽). 상업적·정치적 모략으로 보장된 신앙의 자유인지는 꿈에도 모른 채(혹은 알았다 해도 손해 볼 일은 없었다) 노아의 방주처럼 구원의 배 메이플라워 호를 타고 새로운 세계에서 다시 하나님과 언약 관계를 시작할 꿈에 부풀어 청교도들은 가슴 벅차게 새 땅을 밟았다. 극적인 구원을 받아 새 하늘과 새 땅을 선사받은 노아처럼, 새로운 땅에 상륙한 이들은 신앙에 기초한 '사회 언약'을 굳건히 다짐했다.

뒤이어 1630년에 독립파 청교도들이 미국 땅을 밟았다. 헨리 제이콥Henry Jacob에 의해 영국에서 시작된 '독립파' 청교도는 분리파와 달리 영국 국교회로부터의 분리를 꺼렸다. 1596년 제이콥은 분리파의 입장이 과격함을 지적하며 영국 교회제도 안에 남아야 함을 역설했다. 그러나 그의 교회관 자체는 분리파와 크게 다르지 않았다.

제이콥 역시 교회를 "하나가 되어 거룩한 공동체로서 함께 살기로 언약하는 믿는 자들의 자발적 동의에 의하여 형성된" 공동체로 정의했다(원종천, 『청교도 언약사상』, 158쪽). '자발적 동의'는 성도들을 근대 시민으로 길러내는 핵심적인 덕목이다. 1,000여 명의 신도들을 이끌고 뉴잉글랜드로 건너간 존 코튼John Cotton은 독립파 청교도였다. 이집트를 떠나 약속의 땅 가나안으로 들어가는 이스라엘과 자신들을 동일시하며 이들은 '뉴잉글랜드'에 새로운 언약 공동체를 건설하자는 데 '동의'했다. 이스라엘이 세운 시온 언덕처럼 그들은 새 땅에 하나님의 도성 짓기를 '욕망'했다. 뉴잉글랜드 해안에 정착한 청교도 이주민을 조직하는 책임자(총독)로 선출된 윈스럽은, 실질적으로는 매사추세츠베이회사의 초청으로 미국 땅을 밟으면서도 자기와 함께 동행한 1,000여 명의 경건한 청교도들이 이곳에 '경건한 영국인 사회'를 이룩하는 소명을 주님으로부터 받았다고 믿고 있었다.

우리는 이 일을 위하여 하나님과 언약에 들어간다. 우리는 임무를 받았다. 하나님께서 우리에게 우리 자신의 조항들을 만들라고 하신 것이다. …… 이제 하나님께서 우리를 기쁘게 들으시고 우리가 원하는 것으로 안전하게 인도하신다면, 하나님께서는 이 조약을 체결하시는 것이고 우리의 임무를 확인하여 인치시는 것이며 그 안에 있는 조항들을 철저하게 지킬 것을 기대하신다. 그러나 만일 우리가 강조했던 목표인 이 조항들을 제대로 지키지 않고 우리 하나님으로부터 멀어져서 이 세상을 포용하고 육신의 정욕을 따르며 우리 자신과 우리 미래를 위하여 좋은 것들만 찾는다면, 하나님께서는 우리에게 진노를 퍼부으실 것이고 패역한 백성들에게 복수하실 것이며 하나님과의 언약을 깨뜨린 것에 대한 대가가 무엇인지 알게 하실 것이다.

(원종천, 『청교도 언약사상』, 173~174쪽에서 재인용)

축복과 저주가 함께 설교되었다는 것이 중요하다. 최초의 정착자들은 사회 언약을 체결하고 하나님이 기뻐하시는 질서와 체제를 가진 국가제도, 정치제도를 적극적으로 건설하는 것이 '하나님의 거룩한 공동체'로서 이들이 부여받은 절체절명의 임무라고 믿었다. 이 소명 성취에 실패한다면 하나님의 저주와 진노가 퍼부어질 것이다. 이 새로운 땅에서 초기의 지도자들은 세속과 성직을 굳이 구분할 필요가 없었다. 이들의 사명은 먼저 "세계의 등대가 될 경건한 영국인의 사회를 아메리카에 창조하는 것"이며, 둘째 "사회가 하나님의 말씀과 형제의 사랑 위에 견고하게 기초될 환경을 유지하는 것"이고, 아울러 "주님께서 신령과 진리 가운데 예배받으실 수 있고 가족들이 옛 영국의 사회악과 종교적 이단들에 노출되지 않고 양육될 수 있는 배경을 준비하는 것"이었다. 영국이 곧 멸망할 것이라는 종말론적 사고에 사로잡혀 있던 이들에게 뉴잉글랜드는 "인류의 최후, 최선의 소망"으로 여겨졌다(카든, 『청교도 정신』, 33쪽). 1630년대에 뉴잉글랜드로 몰려간 1만 8,000명의 청교도들은 영국인들이었고, 대부분 중간 정도의 부를 소유한 사람들로서, 대학 교육을 받은 사람들 혹은 상당히 박식한 지식인들이었다. 얼마 지나지 않아 다양한 개신교 교파의 사람들, 국교회 신자들, 가톨릭 신자들이 몰려와 다원화된 사회가 형성되기는 했지만, 이들은 최초의 거룩한 욕망을 '건국신화'처럼 신성화시키고 그 믿음 아래 미국의 짧은 역사를 견고히 하려 했다.

"하나님 안에서 우리는 믿는다"In God We Trust라는 미국의 국가 이념은 이렇게 탄생했다. 믿음과 가치에 있어 현재 미국 '공화당원'들의 조상격인 경건한 청교도들은 하나님의 거룩한 도성을 만들기 위해 헌신하였다. 무엇보다 이들은 영국에서부터 강한 종말론적 신앙에 휩싸여 비장한 결심으로 고국을 떠난 '전사들'이었다. 기톨릭 교도였던 메리 여왕의 박해 시절을 겪으며 영국의 청교도들은 존 폭스John Fox나 불링거의 종말론적 성서 해석에서 자신들의 신앙적 의미를 찾았다. 적어도 영국을 떠났던 청교도들은 '소돔과 고모라를 떠났던 롯과 가족들'이 가졌던 비장함을 공유했다. 이제 영국은 곧 하나님의 심판의 불로 망할 것이다. 자신들은 '남은 자'로 선택된 '선민'들이다. 자신들의 임무는 적그리스도가 판을 치는 이 세상을 하나님의 도성으로 회복하는 것이다. 이제 미국 땅에서 우리의 사명을 다해야 한다. 이렇게 해서 개인의 내적 경건과 그 실천으로서의 사회 참여에서 시작된 청교도 윤리는 새로운 교회 이해에 기초하여 자발적이고 구별된 공동체적 정체성을 갖게 되고, 사회 언약을 통해 이 구별된 정체성을 사회와 국가 전반에 확장시키려는 '욕망'을 확고히 하게 되었다. 영국 땅에서 신민이나 시민이 교회 회원이 되는 비자발적 동질성을 거부했던 이들은, 이제 역으로 교회의 정식 회원에게만 정치적 선거권과 피선거권을 부여하는 방식으로 일종의 '신정' 제국의 형태로 새로운 동질성을 만들고자 했다. 이 새로운 언약 공동체가 단일한 의미 추구를 위해 뉴잉글랜드에 도착했던 규모를 넘어 이질적인 이주자들이 참여하게 되었을 때, 이 처음의 사람들은 '다른' 종교와 의미를 가진 이들에게도 동질성을 강요하였고, 이것이 더 이상 힘을 발휘하지 못하게 된 상황을 '세속화'로 규정한 즈음에는 '다시 원점으로'를 욕망하며 근본주의적 운동을 전개하게 된 것이다.*

영국 본토에서는 국교회가 다수였으나 미국 뉴잉글랜드의 상황은 달랐다. 그 기원부터 구별되었듯이 미국은 개신교도들이 최초의 주도권을 잡았던 나라이다. 허드슨과 코리건은 특정 종교 전통이 아닌 '미국 종교', 즉 미국을 하나의 정신적 공동체로 만든 종교적 전통의 형성 시기를 1607~1789년으로 보았는데, 이 기간 동안 대중적 설득력을 지닌 종교 담론은 단연 개신교였다. '플리머스'가 실제보다 너무나 많이 과장되고 신화화된 것은 아닌가 의심하는 사람들도 있지만, 여기서 중요한 것은 미국 건국 초기부터 참여한 유리함 덕분에

---

* 과장이다, 이리 생각할 수도 있겠다. 영국의 청교도들이 미국의 건국에 주요하게 참여하였다 해도 그들의 수나 그들이 차지한 영토를 놓고 볼 때 청교도적 이상과 제도가 전 미국을 좌지우지했다고 보는 것은 무리라고 말이다. 그러나 우리가 오늘 보고 있는 미국은 처음부터 큰 덩어리로 시작되지 않았다. 미국은 1776년까지도 영국의 식민지로서 영국의 정치적·경제적·사상적 영향권 안에 있었던 나라다. 초기 미국 정착민의 상당수가 영국인이었고 자신들을 영국인으로 인식했으며, 새로운 영국을 만든다는 꿈을 가지고 영국 기원의 종교적 의미 추구를 했던 사람들이란 말이다. 이들은 대서양 연안 최초 상륙지 주변에 작은 정착촌을 이루며 꽤 오랫동안 13개 주로 지내 왔던 나라였다. 여기에 새로운 13개 주를 추가하게 된 것은 불과 1840년의 일이었다. 텍사스와 플로리다는 1845년에야 포함되었고 알래스카와 하와이가 미국의 일부가 된 것은 1959년이었다(허드슨·코리건, 『미국의 종교』, 24쪽 참조).

기득권을 차지하게 되었던 상당수의 '청교도 전통의 후예들'이 미국이라는 세속 왕국의 근원적 뿌리를 청교도 조상에게서 찾고 있다(혹은 찾도록 만들었다)는 사실이다. 이들의 '신정' 공화국 건설의 욕망이 얼마나 성공했는지의 역사적 성취와는 별도로, 그 욕망은 한 번도 그친 적이 없었다.

2) '신의 도성'에서 배제된 사람들

해방철학자 엔리케 두셀Enrique Dussel은 근대 유럽의 아메리카 대륙 '발견'을 발견이 아닌 '발명'이라고 '정정'한 적이 있다. 발견한 대륙이 아시아이기를 열망했던 콜럼버스의 눈에 아메리카 대륙은 죽을 때까지 '아시아'였고, 그 대륙의 원주민들은 '인디언'이었다. 근대화를 합리화, 이성의 승리, 정의의 보편화라고 칭송하는 서구 유럽 근대인들을 향해 두셀은 묻는다. 소위 서구적 방식의 근대화를 이룩하는 여정에 최초의 희생자였던 '인디언들'(아메리카 원주민들), 그리고 아프리카에서 짐승처럼 잡혀서 대서양을 건너 노동력을 제공하는 짐승처럼 부림을 받았던 '검둥이들'(아프리카인들)의 시각에서도 과연 유럽과 미국식의 근대화가 인간화의 흐름이고 합리화의 성취였는지를……. 두셀의 지적은 내가 1장을 열며 유럽발 근대화와 근대성 자체를 구별하고 싶었던 이유를 다시 한번 상기시킨다. 유럽발 근대화 과정은 '전근대성' 혹은 '야만성'(비합리화와 불법적 폭력)을 동반하였고, 그런 덕분에 '근대 세계'라는 현재적 세계 질서에서 우위를 차지할 수 있었다.*

유럽발 근대화 과정이 스스로 '근대성'의 담지자요 전달자라고 천명하면서 스스로를 속인 부분은 '전근대성'의 요소만이 아니다. 유럽 근대인의 중요한 일부였던 기독교도들의 종교적 열정과 정치적·경제적·사회적 실천성은 과연 보편타당한 욕망이었을까? 이들이 믿는 신은 이들이 종교적 동기로 정당화한 '신의 도성 만들기' 프로젝트를 기뻐하셨을까? '보편 복음'을 말하는 기독교도들의 세계 구상은 과연 보편적 인류를 모두 포함하는 것이었을까? 『검은 얼굴, 하얀 가면』의 프란츠 파농Frantz Fanon이 했던 고발을 그들은 듣지 못했지만, 적어도 그들의 후손인 현재의 기독교인들은 꼭 듣고 새겨야 할 일이다. 흑인들은, 이 무례한 타자들을 만나기 전까지 자신들이 '검둥이'라는 것을 전혀 몰랐다는 걸 말이다. 아메리카 대륙에서 조상 대대로 살아왔던 원주민들 역시 자신들이 '인디언'이라 이름 붙여지고 고향 땅에서 경멸과 억압, 박멸의 대상이 될지 어찌 알았겠는가?

* 두셀은 이를 "완벽하게 구성된 근대성 신화"라고 명명했다(두셀, 『1492년, 타자의 은폐』, 93쪽). 세계사 전체를 놓고 볼 때 한 번도 '중심'이 아니었던 서유럽이 역사의 '중심'이 된 것은 오직 근대사회에 와서이며 이는 1492년 다른 문명을 '주변'으로 구성하면서 가능했다는 평가이다. 1492년은 "서유럽 근대성의 출생일이며, 유럽의 자아가 다른 주체와 사람들을 대상으로, 도구로 구성하는 '경험'을 한 최초의 날짜"이다. 서구 유럽인들에게 잉카인의 시선은 중요하지 않았다. 아니 이들에게는 잉카인의 시선을 읽어 낼 수 있는 패러다임 자체가 아예 존재하지 않았다. 사실 잉카인들은 그들의 예술적 세공사들이 혼신의 힘을 불어넣어 만든 금세공품들을 "바보나 미친 사람이나 넋이 나간 사람처럼" 탐하면서 그것들을 손에 넣자마자 녹여서 금괴로 만들고 좋아라 하는 서구인들을 도통 이해할 수 없었다. 금을 얻기 위해서는 성스런 무덤까지 파헤치는 이들은 잉카인들의 눈에는 탐욕덩어리에 비합리적 행위를 일삼는 '야만인'일 수 있었다(141~142, 168~169쪽).

물론 복음의 진정한 보편적 차원을 이해하고 실천한 경건한 개인이 전혀 없었다고 억지를 쓰는 것은 아니다. 그러나 아메리카 대륙에 몰려가 근대 세계를 건설한 사람들 대부분은 기독교적 토대 위에서 근대성의 옷을 입고 같은 인간을 가장 대규모로, 그리고 조직적으로 배제시키는 일을 주도하거나, 행여 그리 적극적이지는 않았을지라도 이것이 신앙에 합당하다고 믿었던 암묵적 동조자들이었다. 본토인을 타자화시키고 배제하는 일에 기독교 목회자들과 평신도들이 참여했다는 사실은 참으로 부끄러운 일이다.

　　전 인류를 야만과 불신앙으로부터 구원하려던 서구 유럽 기독교 근대인의 과도한 욕망은 지구를 공유하는 동료인 다른 인간들을 자신의 발아래 복종시키는 행위를 '경건한' 종교적 언어로 정당화했다. 낯설기는 마찬가지였을 터인데도 환대의 태도를 보이며 달려 나와 음식과 물, 선물을 기꺼이 내주었던 아메리카의 본토박이들을 보며, 콜럼버스는 이들의 경계심 없는 태도와 조야한 무기가 내심 기뻐 "이들이 좋은 하인이 될 것이며 50여 명만으로도 모두 정복 가능하다"라고 장담했다. 아메리카 대륙의 사람들은 처음 보는 파란 눈의 이방인에게 황금 가면과 황금 장신구들을 선물로 준 대가로 너무나 많은 것을 지불했다. 그들이 맞이한 '손님'들은 근대적 민족국가를 막 시작하며 권력과 부를 향한 욕망으로 가득했던 서구인들, 그리고 동시에 자신들만이 진리를 독점하고 있다고 믿었던 기독교인들이었기 때문이다. 자신을 후원했던 스페인 국왕 부부에게 지원을 요청하는 콜럼버스의 보고서는 온통 종교적 어휘로 가득 차 있었다. "그리하여 영원한 하나님, 우리 주님께서는 주님을 따르는 이들에게 언뜻 불가능해 보이는 장벽을 넘어 승리를 주시옵나이다"(진, 『미국민중사 1』, 15, 20쪽).

폭력과 살인, 강제노역, 그리고 이를 신앙적 언어로 신성하게 묘사하는 행위는 '언덕 위의 도성'을 세우겠다던 청교도들의 땅 뉴잉글랜드라고 다르지 않았다. 이들 역시 처음 미국 땅을 밟고 근대 정신과 기독교 정신을 교묘히 조합하여 자신들의 정복 욕망을 정당화했다. 신앙의 내용과 형식에 있어서는 차이를 보인 가톨릭과 개신교라 할지라도, 식민지를 바라보는 시선에 있어서 이들은 같은 '유럽인'이었고 같은 '기독교인'이었다. 매사추세츠 식민지의 총독이며 신학자요 목사였던 존 윈스럽은 인디언들이 땅을 정복하지 않았기 때문에 이들의 땅은 공지空地라고, 땅에 대한 자연권만 있을 뿐 시민권을 보유하고 있지 않다는 해석으로 자신들이 땅을 소유하는 것이 정당하다고 말했다(진, 『미국민중사 1』, 39쪽). 버지니아와 매사추세츠에 정착한 영국인들, 소위 '깨끗하고 경건한 신앙인들'이라 자부하던 그들이 원주민인 포우하탄족과 피쿼트족을 향해 벌인 만행은 용서받기 힘든 일들이었다. 포우하탄족 추장이 영국인들에게 보낸 편지 내용은 이들이 건설하고자 했던 하나님의 도성이 얼마나 배타적이고 폭력적인 공동체였는가를 증언한다.

나는 두 세대에 걸쳐 내 종족이 죽어 가는 모습을 보았다. …… 사랑으로 조용하게 가질 수도 있는 것을 왜 힘으로 얻으려 하는가? 왜 당신들에게 먹을거리를 주는 우리를 짓밟으려 하는가? 전쟁으로 무엇을 얻을 수 있단 말인가? …… 내 부족 젊은이들은 종일 눈에 불을 켜고 앉아 나뭇가지 하나라도 부러지는 소리가 들리면 "스미스 선장이 온다!"라고 외쳐 댄다. 그러면 나는 내 가련한 삶을 끝마쳐야 한다. 우리 모두의 신경을 곤두세우게 만드는 당신네 총과 칼을 거두지 않으면, 당신들 모두가 똑같은 방법으로 죽게 될 것이다. (진, 『미국민중사 1』, 38쪽)

전투력이 뛰어난 피쿼트족 전사들과의 싸움을 피해 무장하지 않은 마을 전체를 통째로 불태워 버렸던 존 메이슨 선장의 비열한 행위에 대해서, 청교도 신학자 코튼 매더는 그것이 성스러운 전쟁의 승리인 양 기록했다. 그는 600여 명의 피쿼트족 사람들이 불길 속에서 타 죽는 광경을 묘사하며 이들의 영혼이 지옥으로 떨어진 것처럼 보였다고 적고 있다.(Mather, *Magnalia Christi Americana II*, p.555). 비교적 온건한 청교도로 분류되는 토머스 셰퍼드조차 그날의 싸움을 자기중심적 시각에서 신앙적 언어로 묘사하였다. "주께서 그 마을을 온통 다 소멸하셨을 때 포로로 삼은 너댓 소녀를 제외하고는 다 죽었으나 영국인은 단 한 명도 죽임을 당하지 않았다"(Schneider, *The Puritan Mind*, p.41). 이 두 목회자의 시선은 가나안 정복을 성전으로 해석했던 이스라엘의 종교 지도자들처럼 그렇게 자신들의 정복 전쟁에 하나님의 특별한 은총이 임한다고 해석했다. 청교도 연구가인 슈나이더는 이러한 자기중심적인 욕망이 이후 뉴잉글랜드에서 자행된 마녀사냥이나 18~19세기 대부흥운동의 열광과 그 근본에 있어 다를 바가 없다고 평가했다(p.42).

청교도들이 건설하고자 욕망했던 '언덕 위의 도성'이 모두를 포함하는 평등사회를 꿈꾼 것이 아님은 자명하다. "주님께서는 우리 후방의 대적들을 멸하시고 그들의 땅을 우리에게 기업으로 주시는 것을 기뻐하셨다." "어떤 백성이 다혈질이고 하나님과 인간에 대해 범죄하며 증대할 때 때로 성경은 여인들과 자녀들을 부모와 함께 멸해야 한다고 선언했다." "우리는 우리의 행동들에 대해 하나님의 말씀으로부터 충분한 조명을 받았다"(카든, 『청교도 정신』, 197~198쪽). 청교도 목회자나 전투에 참여한 청교도 장교들의 문서에서 보이는 이런 식의 정당화는 뉴잉글랜드에 이룩하는 새 이스라엘의 시민이 될 수 있는 사람들이 누구인지를 명확히 하고 있다. 구약성경의 이스라엘과 청교도의 경험을 유비시키면서 청교도들은 인디언들을 하나님의 계획이 이 땅 위에 실현되기 위해 멸망해야 하는 '타락한 가나안인들'과 동일시하였다. 때로 인디언들은 사탄에게 영혼을 저당 잡힌, 그래서 멸망해야 하는 적들로 묘사되기도 했다. 이들을 멸하는 것은 하나님의 뜻이며 이렇게 하나님의 의로움을 수행하는 기독교인들에게 하나님의 보호하심이 임하는 것이라고 말이다.

물론 인디언에 대한 만행이나, 그 이후 아프리카 자유인들을 허락도 없이 잡아와 노예로 삼은 야만적 행위를 전적으로 청교도들만의 일이라고 비난할 순 없는 일이다. 어떤 면에서는 그들 역시 더 크고 조직적이고 비열한 욕망을 가졌던 영국 제국주의와 서구 근대 자본주의의 희생양들이었다. 그럼에도 불구하고 미국 건설의 초기 역사에 주도적 구성원으로 참여했던 청교도들은 적어도 자신들이 건설하려 했던 '하나님의 도성'이 철저히 배제된 자들의 희생과 보이지 않는 노동으로 이루어졌음을 파악하지 못했다는 사실만으로도 비난에서 자유롭지 못하다. 불의와 자기 욕망을 가린 채(혹은 망각한 채), 신앙심 가득한 개신교 정치가는 여전히 욕망의 꿈을 꾸고 있었다.

> 이 나라는 거대한, 대단히 거대한 나라가 될 것입니다. 서의 유럽 절반에 해당하는, 천년왕국이 도래하기 전, 수많은 영국인들이 이 땅에 정착하여, 지상에서 가장 거대한 영토를 지닌 중국보다 더 많은 인구를 지닌 나라가 될 것입니다. 이것은 미래에 입증될 사실이지만, 주께서 자신의 미국적 이스라엘을 수, 명성, 영예에 있어서 자신이 세운 만국보다 높이실 것이라는 우리의 본문(『신명기』 26:19)은 분명히 성취될 것입니다. (허드슨·코리건, 『미국의 종교』, 190쪽)

1783년 코네티컷 선거 설교에서 울려 퍼진 에즈라 스타일스Ezra Stiles의 「영광과 영예의 전당에 오른 미합중국」이란 연설문의 일부이다. 로버트 벨라Robert Bellah가 말한 미국의 '시민 종교'가 탄생한 것이다.* 신생 공화국의 탄생에 신이 개입하시고 축복하셨다는 믿음

---

* 미국의 사회학자 벨라는 대중적으로 널리 읽힌 그의 책 『마음의 습관들: 미국적 삶의 개인주의와 헌신』에서 미국이라는 짧은 역사의 나라를 정신적으로 통합하는 '시민 종교'의

을 공유할 수 있는 유대인, 가톨릭도 연대 가능한 이 종교적 합리화는 이후 미국의 짧은 역사와 다양성에도 불구하고 이들을 통합한 하나의 정신이 되었다. 그리고 자신들'만'이 근대적 주체라고 믿으면서 근대 세계를 자신들만의 방식으로 확장해 갔다.

특성과 기원, 오늘날의 양상에 대해 논했다. 벨라와 이 연구에 함께 참여한 동료들은 구체적인 질적 인터뷰 과정을 통해 미국인들의 정신적 습관들을 분석하는 가운데 뚜렷이 드러나는 개인의 자유와 선택, 책임에 대한 믿음이 상당 부분 세속적 의미에서의 실용주의적 전통보다는 공공선을 추구하는 종교적 전통에 기인한다고 보았다(Bellah, *Habits of the Heart: Individualism and Commitment in American Life* 참조)

【 2장 】
'경건한 지도자', 정치적 욕망의 개신교적 기원

1. 교회와 국가, 애증의 관계사

뉴잉글랜드에 도착한 청교도만이 '신성한 정부'를 욕망한 것은 아니다. 실은 이미 오래전부터, 그러니까 4세기 로마에서 '제국의 종교'가 된 이래 기독교 교회는 어떤 방식으로든 세속 정치와 관계했다. 잔혹한 박해 시절에는 잠정적으로 견디거나 초월하면 되었던 세상 정부였지만, 국가 종교가 된 마당에 이제 그것은 함께 공존해야 할 운명 공동체였다. 그러나 탄탄할 것 같았던 로마제국도 결국 타락하고 분열되어 말기적 모습을 보이자, 신학자요 영향력 있는 교부였던 아우구스티누스는 한시적이고 곧 사라질 땅의 도성에 대비되는 영원한 나라인 '신의 도성'을 말함으로써 교회를 구별하여 지키려 했다. 악의 실재성을 부정하며("악은 선의 결핍") 마니교적 이원론에 대항하면서도 결국은 이를 기독교적으로 승화했던 그는, 의도한 바는 아니었겠으나 이후 기독교사에서 지배적으로 작동하는 이원론적 사고방식을 수립하는 데 가장 큰 공로를 세운 신학자가 되었다. 그리고 어찌 보면 기독교 주류가 그간 '악한 왕국'이나 '멸망해 가는 왕국'을 향해 취해 온 이중적 태도, 즉 세상으로부터의 '초월 신앙'을 강조하는 한편 세상의 질서를 수동적으로 수용하거나 거리를 두는 태도를 정당화하는 전략을 일찌감치 체계화했는지도 모른다. 그러나 이러한 이중적 전략이 가진 수동성은 결국 중세에 절대권을 거머쥔 교황청이 세속 왕국을 하나님의 나라로 만들어 버리겠다는 욕망을 드러내게 되었을 때 비로소 치명적인 약점을 보였다. 이때까지의 교회는 교회가 세상에 참여해야 하는 신앙적 이유를 설명하는 '적극적 정치신학'이 없었던 거다. 때문에 중세의 기독교는 교회가 세속 사회를 포섭하든 세속 왕국이 교회를 포섭하든, 종교적 언어가 '신성한 왕국'에 대한 욕망을 충족시키는 데 오용되는 것을 견제할 탄탄한 신학적 기반을 갖지 못했다.

종교적 권위를 기반으로 세속 왕국을 가지려 했던 중세 가톨릭의 욕망이 전혀 '복음적'이지 않음을 비판한 정치신학은 개신교도들(특히 칼뱅주의자들)에 의해서 생겨났다. 기존의 세속 국가와 이미 긴밀한 '밀월'의 관계를 유지하고 있는 제도 종교 안에서 새롭고 혁신적인 사상이 나오기란 어려운 법이다. 중세 후기로 접어들면서 교회 법정이나 교황의 권위를 인정하지 않으려는 세속 국가들이 점차 늘어났다. 지역교회들 중에는 교황청이 아닌 국가로부터 통제를 받는 교회의 수가 많아졌고, 군주들이 교회 재산에 개입하는 사건도 발생했다. 이는 로마 교황청으로 볼 때는 위협적인 상황이었다. 중세 말기 로마는 그나마 가톨릭에 우호적인 국가들과 일종의 '나눠 먹기'식 협상을 통해 세속 사회에서의 세력을 유지하려 애쓰고 있었다.

비록 종교개혁의 출발이 순수한 신앙적 의지에서 시작했다고 해도, 가톨릭과 유럽의 절대왕정 국가들이 '협상'으로 결탁하여 기득권을 유지하려는 정황에서 발생한 이상, 개신교 주창자들은 이들에 대항할 구체적인 실체를 가진 정치적 힘을 기르고 세계 질서를 재편하는 문제에서 초연할 수 없었다. 아이러니하게도 중세의 교황들이 '기독교적 유럽'의 평신도들에게 심어 준 확신, 즉 '세속 권력은 신앙의 권위보다 낮다'는 위계적 인식은 '경건한 신앙을 가진 중산층 부르주아들'에게 신앙의 이름으로 봉건 질서를 무너뜨릴 수 있는 정당성을 부여했다. 결국 종교개혁을 지지하던 '중산층 부르주아'의 열망을 반영하며 법적 지위(시민권)와 경제적 안정(재산권)을 보장하는 세속 사회로의 개편 혹은 개혁에의 의지가 개혁 신앙의 이름으로 표출되었다. 근대 자유민주주의의 이념을 제도적 현실로 만든 부르주아 시민혁명의 주축 세력은 바로 '신앙의 이름으로 세상을 개혁한' 개신교 평신도들이었다. 교회와 국가 간의 오랜 '애증'의 관계사는 개신교도들에 이르러는 서로의 힘과 영역을 인정하는 가운데 합리성과 공정성에 입각한 일종의 상호 협력의 존재로 정리되었다. 경건한 신자는 신적 소명에 충만하여 이 두 영역에 다 적극 참여해야 한다고 믿었다. 이제 교회와 국가는 아우구스티누스적 '초월' 관계와 중세적 '일치' 관계 사이에서 불안한 줄타기를 할 필요가 없었다. 신앙과 정치 영역은 고유한 본래적 특성이 주장된 상태로 동시에 '하나님의 영역'으로 적극적으로 받아들여졌고, 구별되나 적대적이지 않은 이 둘의 관계를 기독교적 언어로 체계화시킨 개신교 정치신학 혹은 개신교 시민윤리가 탄생했다.

1) 모세와 아론의 동행

개신교 정치신학의 확립에 있어서는 그 누구보다 칼뱅의 영향력이 지대했다. 제네바 상인들이 자신들의 이권 보호를 위해 사보이 공국으로부터 정치적 독립을 요구하던 당시, 이들은 기득권을 독점한 가톨릭 세력과의 절연이 필요했다. 종교개혁의 이상을 근거로 자신들의 사회질서를 재편하고자 했던 제네바 시민들의 욕망은 순수한 종교적 동기만으로 이루어진 것은 아니었다. 칼뱅은 이러한 시민적 요구에 의해 1536년 제네바에 도착했다. 한때 시민법을 연구한 법학 전공생이었던 칼뱅은 강한 지도력과 확고한 개혁 신앙을 가지고 제네바에서 '신정정치'를 전개하였다. 칼뱅이 추구했던 세상은 교회만이 아니라 전 사회가 하나님의 법으로 운영되는 공동체였다. 칼뱅의 『기독교 강요』에는 서구 근대사상의 이념적 주춧돌이 되는 '시민정부론'이나 '국민주권이론'의 단초들이 발견된다. 아우구스티누스, 루터를 거쳐 칼뱅에게 전수된 '두 왕국'(국가와 교회) 사상은 양자 간의 타협이나 동일시를 거부하는 이원론적 긴장감을 유지하고 있었지만, 신앙 선배들과 달리 칼뱅은 현세에서 국가의 역할을 적극적으로 인정했다. 우리가 이 세상을 살아가는 한은 신앙 생활을 할 수 있도

록 보호해 주고 공공질서와 안녕을 보장하는 국가가 필요하며 신앙
인은 이에 협력해야 한다고 본 것이다.

> 영혼과 육신을 구별할 줄 알고, 현세의 무상한 생명과 장차 올 영원
> 한 생명을 구별할 줄 아는 사람이라면, 그리스도의 영적 왕국과 세속
> 적 지배권은 서로 완전히 다른 것이라는 사실을 어렵잖게 이해할 것
> 이다. …… 그러나, 이 세상의 통치는 자체의 일정한 목적을 갖고 있
> 는데, 이는 우리가 사람 가운데 살아 있는 한 우리의 생활을 사회에
> 맞게 조정하고, 다른 사람과 서로 화해하여, 공공의 안녕과 평화를
> 보호 육성한다는 것이다. …… 또한 정치는 우상숭배와 하나님의 이
> 름에 대한 모독과 하나님의 진리에 대한 모독과, 그 밖에 사람들 사
> 이에서 일어나 퍼지는 종교에 대한 공공연한 침해를 방지하며, 공공
> 의 평화가 교란되지 않게 하며, 각 사람이 자기의 소유를 안전하게
> 고스란히 보존할 수 있게 하며, 사람들이 서로 악의 없는 교제를 나
> 누도록 한다. 요컨대, 이것은 종교의 공적인 형태가 그리스도인 가운
> 데 존속되게 하고, 인간애가 사람들 가운데 유지되도록 한다. (칼빈,
> 『기독교 강요』, 375~377쪽)

경건한 신앙을 가진 신자라면 세속으로부터 가능한 한 초월하
여 떨어져 지내야 한다고 가르쳤던 중세의 수도원 전통을, 칼뱅은 격
렬히 반대했다. 정치에 참여하는 것을 신앙의 이름으로 적대시하는
것은 "하나님께 대놓고 욕하는 것"이라고 규정했다. 칼뱅에게 있어

서 세속 정치와 기독교적 경건은 결코 적대적이지 않았다. 칼뱅은 세속 권력이 하나님의 허락하심 안에 있다고 믿었기에 정치권력에 대해 보수적인 입장을 취했다. 어떠한 형태의 관원들이라 해도 그들은 모두 "하나님께서 세우신 자들"이기에 존중해야 한다고 권고했다. "하나님께로부터 나지 않은 권세가 없기"(「로마서」 13:1) 때문이다 (칼빈, 『기독교 강요』, 381쪽).

물론 칼뱅이 그리는 이상적인 관원(왕을 포함)은 "경건과 의와 정직함"을 가지고 "하나님의 인정을 받도록 힘쓰는" 신앙의 사람이었다. 국가의 통치자는 강한 신앙적·윤리적 실천의 주체가 되어야 했다. "하나님의 대행자로서 하나님께로부터 권위를 부여받은 자들"인 국가 공직자에게는 "신적인 정의의 봉사자"로서 전문적 행정 기능뿐만 아니라 도덕적·윤리적 바른 행동이 요청된다고 하였다. 특히 공적 비용으로 사용하라고 시민이 제공한 세금은 "전 백성의 공공 재산이며 명백한 부정을 범하지 않고는 이를 낭비하거나 함부로 소비할 수 없다"라고 천명하였다. 공직자들이 하나님의 대리인임을 기억한다면 아주 신중하고 열심히 노력을 다하여 자신의 공적 임무를 수행해야 하며, 백성들이 그들을 볼 때 "하나님의 섭리와 가호와 자애와 은혜와 정의의 이미지를 떠올릴 만큼" 모범이 되어야 한다고 권고했다. "여호와의 일을 태만히 하는 자는 저주를 받을 것"이기 때문이다(「예레미야」 48:10). 선하고 경건한 관원은 칼뱅의 표현에 따르면 "조국의 아버지이며, 백성의 목자요 평화의 수호자요 정의의 보호자요 무고한 백성을 위한 복수자"이다. 때문에 시민으로서 기독교 평신도들에게 주어진 고귀한 임무는 관원들의 직임을 최대한 존경하는 것, 그들이 정의롭고 선한 정치를 하도록 임금들과 높은 지위에 있는 모든 사람을 위하여 기도하는 것이 우선되어야 했다. 심지어 칼뱅은 왕이나 관원이 폭군이어도 백성은 그의 공적 권위에 복종하고 자신의 의무를 다해야 함을 주장했다. "악을 치료하는 것은 하나님의 도우심의 영역"이기 때문이다. 시민적 차원의 봉기나 혁명은 허락되지 않았으나, 일단 관원으로 선출된 신자들이 시민법의 테두리 안에서 왕의 독재를 견제하고 백성을 위한 통치를 하도록 의견을 내는 일은 공적 관원의 임무로서 권장되었다. 때문에 칼뱅은 그 무엇보다 신앙의 관원들을 선출하는 일이 중요하다고 강조하였다(칼빈, 『기독교 강요』, 377~379, 384~387, 394~402쪽).

'그리스도인 시민은 신앙의 이름으로 적극적으로 정치에 참여해야 한다'라는 칼뱅의 사상은 신앙 원리라기보다는 하나의 삶의 방식이었고, 역사의 우연성 —— 신자들에게는 '신의 섭리'이겠으나 —— 으로 인하여 영국에서, 그리고 다시 미국의 뉴잉글랜드에서 '청교도'라는 집단에 의해 하나의 '기독교적 정치 행동 원리'로 자리 잡게 되었음을 1장에서 이미 살펴보았다. 칼뱅은 '신정정치'를 열망하며 국가와 교회의 조화로운 협력 관계가 가능한 '민주적 군주제'를 꿈꾸었다. 그러나 그의 사상을 계승·발전시킨 칼뱅주의자들은 그들이 제시했던 개혁적 정치신학과 시민·평신도의 참여적 특성으로 인해 가톨릭을 신봉하는 군주들에게 심한 핍박을 받게 되었다. 이러한 핍박의 경험은 칼뱅주의자들이 그들의 스승인 칼뱅과 달리 정치제도로서의 '절대군주제'에 회의적이게 만들었다(Troeltsch, *The Social Teaching of the Christian Churches II*, pp.670~671). 특히나 절대왕정이 막강했고 가톨릭과의 결탁이 강했던 프랑스에서 칼뱅주의자들인 위그노교도들이 쓴, 예컨대 프랑수아 오트망François Hotman의 『프랑크왕제론』이나 익명의 저자의 『폭군반정론』 등이 나온 것은 이러한 맥락에서였다. 영국과 스코틀랜드의 경우에도 존 녹스John Knox나 조지 뷰캐넌George Buchanan 등의 반군주적인 정치사상가들이 칼뱅주의로부터 영향을 받아 보다 민주적이고 시민 참여적인 영국 사회를 꿈꾸었다. 근대국가로 향해 가는 서구 정치질서의 재편 과정에 등장한 칼뱅의 신학은 상당히 조직적이었던 교회의 집단적 역량, 국제적 연결망, 영향력 있는 행정가와 경제적 집단이었던 신자들의 활동성으로 인해 널리 퍼져 나갔고 근대적 제도와 생활양식을 만드는 데큰 영향을 주었다(노재성, 『교회, 민주주의, 윤리』, 79쪽).

　　뉴잉글랜드에 정착한 청교도들이 스스로를 칼뱅주의자라고 굳이 밝히지는 않았다. 그러나 이들이 건설하려 한 공화국의 정신적·이상적 토대가 칼뱅의 정치사상에 기초해 있음은 각종 선언문이나교회법, 사회법의 내용에서 분명하게 드러난다. 어쩌면 뉴잉글랜드의 청교도들에게 칼뱅의 정치사상은 굳이 '나는 칼뱅주의자이다'라고 천명할 필요가 없을 만큼 대다수가 공유하고 있던 공통의 전제였을 가능성이 크다. 당시 영향력 있는 신학자였던 존 코튼은 교회의 영향력이 오직 교회 안에서만 발휘된다면 이는 참된 교회의 모습이 아니라고 설교했다. 그는 참된 교회의 표적은 그리스도 안에서 중생하고 성화된 지체들이 모여 이룬 사회 전체가 하나님의 소명에 복종하는 역사가 일어나는 때라고 강조하였다. 17세기 초 뉴잉글랜드 교회 교인의 자격은 '약속의 땅' 시민으로서 완전한 참여를 보장하는 증명서였다. 신실한 교회 회원이 아닌 자는 시민으로서의 권리 행사나 정치가로서의 정치 참여가 제한되었다(카든, 『청교도 정신』, 140~141쪽).

2) 뉴잉글랜드식 신정 민주주의

청교도들, 특히 미국 뉴잉글랜드 지역의 청교도들이 추구한 교회의 제도적 형태는 '회중교회'congregational church였다. 회중교회주의 자체는 영국 청교도 신학자들에 의해서 발생했지만 미국 땅에서 부흥했다. 메리 여왕의 종교 탄압을 피해 제네바에 피신해 있는 동안 칼뱅 사상에 심취하게 된 영국의 청교도 신학자 토머스 카트라이트 Thomas Cartwright는 칼뱅의 제네바 교회가 성서에 가장 가까운 이상적인 공동체의 형태라고 생각했다. 무엇보다 평신도들이 교회 성직자와 영적인 면에 있어서 동등하며 교회 지도자들은 평신도들에 의해 선출되어야 한다는 칼뱅의 주장이 카트라이트를 매혹시켰다. '모든 신자가 하나님 앞에서 동등한 자녀'라는 종교개혁의 대전제는 카트라이트를 거쳐 '대중주권론'으로 발전하게 된다. 여기에 근대 법치 사회의 대전제와 직접적인 연결고리가 있음은 독자들도 쉽게 발견할 수 있을 것이다. 평신도 중심의 회중교회주의와 정치 참여 사상은 이후 계몽사상가들과 근대법 창시자들에게까지 큰 영향을 미치게 되었다.

카트라이트를 위시해서 대중주권론을 옹호하는 개신교 지도자들은 만인이 하나님 앞에 모두 동등하게 죄인이기에 심판의 조건 역시 동등하다고 선포했다. 때문에 귀족이든 교황이든 현세에서 누군가가 다른 사람들보다 높은 위치에 있다면 이는 하나님께서 하신 일이지 인간의 의로움이나 능력으로 인한 것이 아니라고 고백한다. 하나님 앞에서 인간은 '평등하게' 죄인이므로, 특정인이 다른 사회 구성원을 항구적으로 그리고 배타적으로 다스릴 존재론적 우위성을 가질 수 없다는 선언이다. 이는 교회나 국가에서 모든 사람들이 평등하게 참여해야 하며 참여할 수 있다는 신앙적 근거를 명시한 것이다. 이제 평신도들은 자신들을 지도할 목회자나 장로들을 직접 선출할 권리가 주어졌다. 가톨릭과 국교회의 위계적 성직 제도의 폐단을 충분히 보아 온 사람들이었기에, 회중교회를 지지하는 개신교도들은 모든 신자들의 영적 평등성을 토대로 하는 참여적 교회 정치와 사회 건설에 큰 희망을 걸었다.

뉴잉글랜드의 정치 형태를 놓고 그것이 신정주의적이었나 민주주의적이었나 하나만을 택일하기는 어렵다고 본다. 청교도 연구가 앨런 카든의 말처럼 뉴잉글랜드 정부를 현대적 의미의 민주주의로 생각하는 것은 아무래도 무리가 있다. 지도자들의 선출에 평신도들이 평등하게 참여할 수 있었다는 지점은 민주주의적이라 볼 수 있지만, 전반적으로 목회자나 신앙 충만한 행정관들이 주님의 대행자들로 인식되었다는 점에서 신정주의적 흔적이 발견되기 때문이다(카든, 『청교도 정신』, 228~229쪽). 1630년 정착부터 1647년 사망까지 대부분의 기간 동안 매사추세츠베이 식민지의 총독을 역임한 존 윈스럽, 1세대 목회자 중 가장 인정받았던 존 코튼은 칼뱅주의에 입각하여 국가의 행정관리들이 교회와 사회를 양육하는 '국부'國父가 되어야 한다고 설교했다. 1641년 매사추세츠 법전 『자유의 집대성』은 국가가 교회와는 별도의 독립적 기관임을 인정하고 또한 교회 역시 국가로부터 자유를 누려야 한다는 상호 분리적 관계를 천명했지만, 그럼에도 불구하고 여전히 행정관리들의 소명은 세속적인 것에만 제한되지 않았었고 목회자들의 관할 영역 역시 영혼을 돌보는 일에만 국한되지 않았었다. 코튼은 재산이나 생활, 관습, 세상 영예 등의 세속 영역에서는 교회가 국가 권위자들에게 복종해야 한다고 설교했다. 부패를 바로잡기 위한 권한은 정부의 것으로서 이는 교회가 행사할 권리가 없다는 것을 명백히 했다. 교회의 무기는 오직 "영적인 말씀 사역"에 국한되며, 혹 세속 관리들이 악을 행하더라도 "물리적 저항을 해서는 안 되고" 그들에게 복종해야 한다고 했다. 교회는 "검의 권세를 받지 않았기" 때문이다. 결국 교회는 교회의 방식이 있고 국가는 국가의 방식이 있다는 정교분리의 원칙을 고수하고 있는 것인데, 그럼에도 코튼은 모세(정치 지도자)와 아론(종교 지도자)은 "동행하여 하나님의 산에서 서로에게 입맞춤"이 가능하다며 상호 협력을 강조했다(카든, 『청교도 정신』, 233~235쪽). 하나님의 법에 충실한 경건한 신자라면 교회의 자유와 국가의 권위가 결국엔 조화를 이룰 것이라는 확신이었다.

　비록 각자의 영역을 확실히 구분하였지만, 소명으로 충만한 경건한 신자 관원들로 구성된 뉴잉글랜드 정부는 세속 사회의 여러 문제에 있어 성직자의 조언을 구하는 것을 당연시했다. 관원들은 지방의회 회의에 성직자들을 상례적으로 초청했다. 제도적 측면에서 정교분리적 원칙은 지키되 서로 긴밀하게 관계하는, '모세'와 '아론'의 협력 관계가 바로 '뉴잉글랜드식 민주주의'였다. 결국 칼뱅의 사상 안에는 두 지류, 그러니까 정교일치적 신정 사회를 욕망하는 입장(칼뱅 자신의 입장)과 정교분리를 지향하되 긴밀한 교회와 국가 간의 참여적 상호관계를 유지하는 입장(후기 칼뱅주의자들의 입장)이 다 존재한다고 볼 수 있다. 뉴잉글랜드에 민주주의적 정치 공동체를 건설하고자 했던 신자들은 결코 신정일치 국가를 만들고자 의도하지는 않았다. 그러나 교회와 국가의 분리, 관리 영역의 명시에도 불구하고 이 두 영역이 모두 '경건하고 소명의식이 충만한 청교도'들로 넘쳐나기를 욕망했다.*

* 물론 개신교도들 모두가 이렇게 세속 정부에 대해 '구별되나 협조하는' 입장을 취했다고 획일화시켜 말할 수는 없다. 모든 역사적 사실이 그렇듯 어떤 집단을 범주화했을 때 그 이름으로 불리는 사람들이 모두 동질적인 가치관과 행동 방식을 취했다고 볼 수는 없는 일인데, 개신교도들의 경우는 종교개혁 이후 복잡한 교파들이 발생하였기에 더욱 뭉뚱그려 설명하기 힘들다. 독자들도 여기까지 읽으며 대략 이해했겠지만, 여기서 내가 집중하고 있는 개신교 집단은 16세기 독일, 17세기 영국, 17~18세기 미국으로 이어져 전개되어 온 개혁 신앙의 흐름 중에서 수나 근대사회에의 영향력에 있어 '주류'적 영향력을 끼친 집단이다. 독일의 교회사가 에른스트 트뢸치는 이 집단을 칼뱅주의적 사상에 영향을 받은 '금욕주의적 개신교주의'라고 불렀다(Troeltsch, *The Social Teaching of the*

2. 근대 한국의 정치권력과 개신교[*]

1) 개신교, 부국강병의 서구 정신

'모세와 아론의 입맞춤' 전통을 읽으며 오늘날 빈번하게 들리는 '국가조찬기도회'의 기원을 예상했을 터이다. 개신교 전통 자체에 있는 긴밀한 국가-교회 관계도 그러하거니와 한국에서의 개신교적 특수성은 이러한 정치적 성향을 더욱 강화시켰다. 개신교가 한국에 들어오던 시기가 새로운 질서에의 요구가 강력했던 구한말이었음을 기억할 필요가 있다. 개신교는 서구 근대 문명을 이룩한 정신적 기조로서 이해되었던 까닭에 19세기 말 유입 초기부터 하나의 정치적·사회적 사상으로서 개혁 성향 지도자들의 관심을 받았다. 한 세기 전에 벌어진 비극적인 가톨릭 수용사[**]와는 대조적으로, 개신교 선교사들

Christian Churches II, pp.656~691 참조). 전공서나 전문 역사서가 아닌 이 책에서 개신교 교파 간의 계보학을 세세하게 설명할 필요는 없다고 생각한다. 다만 여기서 다룬 청교도를 포함하여 칼뱅의 교회-국가 이해를 받아들이는 교파들과는 대조적으로, 중세적 국가든 근대적 민족국가든 세속 정부에 대해 자신들의 신앙에 근거하여 상당히 날선 비판적 자세로 무력 저항까지 마다하지 않았던 개신교 분파들도 존재했음을 밝혀 둔다. 그들은 근대 세계의 재편 과정에서 '경건'과 '욕망'을 통합시키고 세속적 권력을 얻은 기득권 집단이 아니기에 '경건과 욕망의 결합'이라는 특수한 주제에 집중하는 이 책의 서술에서 제외되었을 뿐이지, 그들의 사상이나 주장이 중요치 않거나 기독교적 정당성을 상실했기 때문은 '절대' 아니다.

* 이 절과 이어지는 3절은 2012년 4월 한국기독교윤리학회 정기학술대회 주제발표 논문 「21세기 대한민국에서 성찰하는 교회, 정치, 윤리」(『한국기독교윤리학논총』 17집, 2012, 9~45쪽)의 내용을 토대로 이 책 전체의 틀거리에 맞게 재구성했다.

이 한국 땅을 방문하던 무렵은 부국강병을 위해 서양의 정신과 제도를 배워야 한다는 목소리가 커지던 때였다. 물론 개신교를 대하는 조선 엘리트들의 입장이란 것이 단순화시켜서 말할 수 있을 정도로 획일적인 것은 아니었다. 여전히 중화적 세계관을 가진 위정척사파 유학자들에게 기독교는 형이하학적인 물질문명의 일부로, 중국의 양무洋務론이나 일본의 화혼양재和魂洋材 사상의 영향으로 동도서기同道西機론적 입장을 가졌던 지식인들에게는 신앙적 차원은 생략한 기술적 서구 문명의 일환으로 독해되기도 했다. 김옥균이나 박영효, 서광범과 같은 개화파 초기 인물들은 신앙적인 측면보다는 '문명화의 수단'으로서의 개신교에 큰 관심을 보였다. 김옥균은 1886년 고종에게 쓴 공개 상소에서 양반제도 철폐 등을 권하면서 "널리 학교를 설립하여 인지人智를 계발하고 외국의 종교를 끌어들여 교화에 도움이 되게 함"이 부국강병의 방편이라고 호소하고 있다. 박영효도 미국 선교사들이 세운 메이지학원에서 영어를 전공하고 교회에 다니면서 자유주의적 정치관을 가지게 되었다. 1888년 그가 고종에게 쓴 상소

** 한국과 기독교의 만남의 시발점은 18세기 중후반 남인 계열 선비들의 '가톨릭'(서학)에 대한 관심이었다. 새로운 신앙과 세계관으로서의 기독교를 전달하면서 자생적인 기독교 공동체가 생겨나기도 했다. 그러나 한국 기독교사가 전개되는 과정에서 이 흐름이 '주류'를 형성할 만큼 주도권을 형성하지는 못했다. 무엇보다 서양 문물과 서구 정신에 의혹을 품고 그것을 견제하던 당시에 정계 비주류권을 중심으로 소개된 가톨릭은 역사적으로 불리한 정황에 한국 땅을 밟은 대가를 톡톡히 치러야만 했다. 신해박해(1791), 신유박해(1801), 기해박해(1839), 병오박해(1846), 병인박해(1866)가 이어지는 동안 외국인 신부들은 물론 우리나라의 사제와 평신도들도 무수히 순교했다.

에도 "인간의 천부인권과 자유, 평등, 입헌군주제, 자유방임적 경제, 민족주의"를 긍정적으로 소개하면서 이를 조선에 실현할 수 있는 구체적인 방안을 제시하는 가운데 개신교를 긍정적으로 평가하는 부분이 등장한다. 지인인 미국 선교사를 만난 자리에서는 "조선이 기독교 국가가 되어야 한다"라면서 더 많은 선교사들을 보내 달라고 호소하기도 했다. 그러나 이들에게 개신교는 신앙적 차원이라기보다는 개화의 수단이었다(류대영, 『한국 근현대사와 기독교』, 36~38쪽).

개화파 첫 세대에 비해 후속 주자였던 서재필, 윤치호 등은 신앙적 차원에서도 개신교에 매료되었던 조선의 엘리트들이었다. 이들은 미국 근대 자유주의 정치체제에 크게 매료되어 선배들의 입헌군주제보다 더 혁명적인 정치 형태인 공화정을 꿈꾸었다. 청일전쟁을 계기로 고종이 미국 개신교 선교사들을 대하는 태도가 바뀌고 이후 러일전쟁, 을사보호조약, 한일합방으로 이어지는 나라의 존망 위기는 개신교 전파에 유리하게 작용하였다. 개인적·국가적으로 안전에 대한 위협감으로 불안에 떨던 백성들에게는 위로의 종교로, 민족 갱생의 힘을 찾으려 했던 지도자들에게는 강한 나라 서양의 정신적 힘의 원천으로 인식된 것이 개신교였다. 기독교 안에서 한국의 근대화와 부국강병의 가능성을 발견한 윤치호는 자신의 일기에서 기독교 정신, 그중에서도 개신교 정신이 가진 사회 개혁의 힘을 높이 평가했다(윤치호, 『윤치호 일기 3』, 243쪽).

이러한 시절에 1884년 선교사 알렌Horace N. Allen이 왕립병원인 광혜원의 의사 자격으로 입국하고, 뒤이어 1885년 부활절 아침에는 감리교와 장로교 두 개신교 주요 교파의 선교사들인 아펜젤러Henry G. Appenzeller와 언더우드Horace G. Underwood가 나란히 제물포 땅을 밟았다. 19세기 말에서 20세기 초 사이에 한국에 들어온 선교사들의 90퍼센트 이상이 보수적·복음적 신학교나 선교단체에서 훈련을 받은 사람들이었고 신학 전통으로는 칼뱅주의적 입장이 주류였다. 이들 서양 선교사 중에는 미국인들이 압도적으로 많았는데, 이는 당시 미국 대륙에 뜨겁게 불어오던 영적 대각성 운동과 세계복음화에 대한 열정의 결과였다. 물론 풍전등화 같은 나라의 운명 앞에서 외적 힘을 기르는 내적 정신으로서 비춰진 기독교였기에 조선인의 입장에서 그들이 전달받은 기독교 교리의 신학적 내용을 분석적으로 성찰할 여유는 없었다고 본다. 그들이 받은 기독교 복음이 수많은 기독교 전통 중에서 유독 '칼뱅주의적'이었는지, 그것도 '미국적 토양에서 만들어진 특정한 산물'이었는지를 구별하는 작업을 할 여력이 없었을 터이다. 아시아 다른 나라들과는 달리 우리의 경우 제국주의적 식민화의 주체가 일본이다 보니 '서양 기독교=제국주의적 식민주의'라는 제3세계적 도식을 피해 갈 수 있었던 것도 개신교에 대한 낙관적이고 순진한 태도를 유지하는 데 기여했다고 본다. 한국 근대사에서 기독교는 이상화되어 '기독교=근대화된 서양 문명을 이룬 정신적 요체'라는 도식이 계속 유지될 수 있었고 이러한 이해가 한국 개신교 신앙의 주류를 형성하게 되었다.

가톨릭의 선례로부터 배운 바가 있어서 그러했든, 아니면 조선의 개화파 지도자들이나 평민들의 바람에 부응하느라 그러했든 서양 선교사들은 기독교 복음을 직접적으로 전도하는 것보다 근대식 학교, 병원 등을 세우는 일을 우선시하며 근대 문물의 주된 전달자 역할을 톡톡히 했다. YMCA나 YWCA 등의 개신교 청년단체들을 위시해서 수많은 개신교 단체들이 개화 운동의 선두에 서 왔다. 무엇보다 여성과 농민 등 그동안 교육받지 못했던 소외층을 찾아가 글을 가르치고 현대식 농작법 교육을 시키는 '농촌계몽 운동'에 앞장선 이들이 바로 개신교도들이었다. 유명한 농촌계몽 소설 『상록수』의 여주인공의 실제 모델이 젊고 헌신적인 기독 청년 최용신이었음은 많이들 알고 있는 바다. 개신교 정신이 전통사회의 폐단에서 벗어나 조선을 근대화시키는 중심 동력이라는 믿음은, 그 믿음을 가지고 죽기까지 충성했던 헌신적인 선교사들과 한국 개신교도들에게, 그리고 그런 신자들에게서 근대식 신문물을 전수받은 조선의 백성들에게도 점차 뿌리 깊게 자라났을 일이다.

이런 상황에서 청교도적 개신교 전통이 담고 있는 '사회 언약'은 사상으로 소개되었다기보다는 시대적 요구에 의해 실천적 차원으로 처음부터 강하게 드러났던 것으로 보인다. 물론 대부분의 칼뱅주의자들이 그러했듯이 한국 개신교 지도자들은 경건한 신자들이 각자의 위치에서 사회적 소명을 다하는 방식인 '개인적 사회 참여'를 가장 '성서적'이요 '기독교적'이라고 보았다. 사회 복음을 강조하는 감리교단에서는 1918년 「사회신경」을 만들고 가정 윤리나 아동과 여성에 대한 근대적 이해, 노동조건의 개선, 금주나 건전한 여가에 대한 권고 등에 대한 기독교적 원리를 강조하였다. 그러나 이때까지도 조직화된 정치적 단결을 수행하였다기보다는 '개화'나 '계몽' 코드가 강조된 사회 선교의 일면이 강했지, 교회가 신앙적 이유와 조직적 힘으로 정치적 행동을 추진한 경우는 아니었다.

정치 세력으로서의 교회 운동이 가장 확실하게 표현된 대표적 사례는 3·1독립만세운동이었다. 사실 일제 치하에서 한인들이 공적으로 모일 수 있는 장소는 교회가 거의 유일했다. 교회에 모여 나라 잃은 설움을 사경회, 부흥집회, 계몽교육 등을 통해 달래고 극복하려 했던 개신교 신자들이었던 만큼, 3·1운동 발발 시 이미 확고하게 기반이 잡힌 조직력과 인적 네트워크를 중심으로 항일운동의 중심이 되었던 것은 당연한 일이었다. 실제로 3·1운동 당시 지도자적 역할을 한 죄로 잡혀간 2만여 한국인들 중에서 약 3,500명 정도가 기독교인이었다 한다. 당시 기독교인이 인구의 1.5퍼센트밖에 되지 않았음을 고려한다면 그 참여의 정도가 어떠했는지 짐작이 가는 통계수치이다(한국기독교역사연구소, 『한국 기독교의 역사 2』, 38쪽). 물론 항일운동에 참여한 많은 개신교도들이 모두 경건한 신앙과 확고한 개신교적 정치신학에 의해 동기부여되었는가를 묻는다면 답은 회의적이다. 3·1운동 이후 일제의 회유, 강경 탄압 속에서 살아남기의 전략으로 급격하게 '탈정치화'한 교회에 실망하여 교회를 떠난 민족주의자들이 상당수였음을 기억한다면, 어쩌면 '교회'라는 조직과 인적자원이 유용하기 때문에 전략적으로 개신교도가 되었던 민족주의자들이 초기 개신교회 안에 무시 못할 숫자로 존재하고 있었음을 인정해야 할 것이다. 구한말과 식민 지배 초기 개신교에 매료되고 이에 의지한 상당수의 한국인들이 신앙 자체보다는 문명적 힘으로서의 개신교에 크게 기대를 하고 있었던 것은 사실이다.

2) 한국 개신교, 탈정치화와 정치화 사이에서

결국 개신교 선교 초기에 한국 땅에서 보였던 강한 사회적 참여와 민족의식은 개신교의 정치신학을 전수받아 체계적으로 수행한 결과라기보다는 개신교 교리 안에 이미 내재되어 있는 신앙의 사회적 차원이 우리나라의 역사적 정황에서 선택적으로 드러난 특수한 사례였다고 보아야 한다. 만약 당시 기독교인의 사회 참여가 복음의 사회적 차원을 기독교 신앙의 핵심적 내용으로 간파하고 이를 의식적으로 받아들인 결과였다면 3·1운동 이후 급격하게 '탈정치화'하는 한국 교회의 변화를 이해하기 힘들다.

1907년 평양 대부흥회가 '영적'이고 개인적인 성향의 신앙을 한국 개신교의 기조로 만들게 했다는 분석들이 많고 학계에서는 이를 주류로 인정하는 분위기이다. 대개는 그 원인으로 선교사들의 비정치적 성향과 일제와의 미묘한 관계 속에서 탈정치화한 행동을 지적한다. 미국 출신이 다수였던 선교사 대부분은 필시 일본과 조약을 맺은 자국의 입장, 식민 권력을 가진 일본과의 관계 등을 고려할 수밖에 없었을 터이다. 때문에 신앙 우선주의를 표방하며 '영적 복음'을 기독교의 본질이라 주장함으로써 불필요한 정치적 대립을 피하려할 밖에……. 개신교 정치신학 안에 '신정정치적' 참여에의 열망과

'정교분리적' 원칙이 교차하고 있음을 이미 살펴보았던바, 세상을 신앙의 표준에 입각하여 개혁하는 것이 자칫 교회의 존폐 위기까지 불러일으킬 만한 정치적 상황에서는 후자의 정당성을 강조하는 선택을 한 셈이다.

확연히 드러나는 변화는 1919년을 정점으로 한국 교회의 사회적·정치적 행동이 급격히 감소했다는 것이다. 1920년대에 들어오면서 한국 교회 주류는 내세지향적·신비주의적 부흥운동에 몰입하면서 비정치적 공동체로 변모해 갔다. 이러한 변화에 대해 독립운동의 직접적·주도적 세력으로서 정치적 후폭풍을 맞은 충격을 원인으로 드는 분석이 많다. 물론 그 역시 무시 못할 중요한 원인임이 분명하다. 그러나 보다 큰 계기는 소위 '문화정책'이라는 교묘한 이름으로 일제가 1920년대 실시한 정교분리적 회유책이었다고 본다. 일본 식민 정부는 교회가 본연의 사명인 '영적'인 부분에 주력한다면 이를 적극 지원할 것이라 회유하는 한편 민족주의적 성향을 지닌 교회의 공적 활동은 암암리에 탄압을 하였다.

민족 성향이 짙은 교회에 대한 탄압은 향후 개신교로 하여금 '신앙의 문제와 갈등하는 상황이 아닌 이상 본질적인 복음을 지키는 차원'에서 비정치적인 노선을 선택하는 '정치적' 결단으로 이끌었다. 이러한 급격한 탈정치화가 보여 주는 것은 국교회의 탄압 속에서 철저하게 개인의 경건을 강조하는 쪽으로 내면화되었던 영국 청교도 운동의 모습을 닮아 있다. 개인의 영혼 구원이 일차적 강조점이었던 서양 선교사들과 한국 교회 지도자들은 조직으로서의 교회를 살리기 위해 교회 안의 정치적인 색채를 지워 버렸다. 그나마 10여 년간 교묘한 이중 정책을 쓰던 일제가 1930년대 무력 정책을 통해 정치적 성향을 나타내는 기독교 단체나 교회를 본격적으로 탄압하기에 이르렀을 때에는, 급기야 중산층 시민의식을 가진 기독자를 대표하던 평양 산정현교회의 송창근 목사조차 "교회는 결코 사회문제, 노동문제, 평화문제, 국제문제를 논하는 곳이 아니라, 예수 그리스도의 복음, 중생의 복음이 우리 교회의 중심"이라는 주장을 하고 말았다 (송창근, 「오늘 조선교회의 사명」, 21~22쪽). 무력 정치 동인 일제의 교회 탄압은 생존의 문제가 위협받을 만큼 폭력적이고 전면적이어서, 1920년 이후 비정치적 선택을 한 한국 교회를 향해 날선 비판을 해왔던 무無교회 운동의 리더 김교신조차 "연약한 어린 소녀에게 결투를 신청하는 것 같다"라며 교회와 싸우기를 포기한 시절이었다(김교신, 『김교신 전집 1』, 263쪽).

아이러니한 일은, 일제 말기 개인의 신앙고백에 위배되는 우상숭배로 해석된 '신사참배'와 같은 종교적 이슈가 아닌 다음에는 철저히 '탈정치화'되었던 한국 교회가 해방 후 '기독교 공화국'이라는 제1공화국을 맞이하여 다시 적극적으로 '정치화'하게 되었다는 사실이다. 불과 얼마 전까지도 '가이사의 영역'과 '그리스도의 영역'을 나누며 영적 복음 전하는 것을 최대의 사명이라 말했던 개신교 지도자들이 대거 정치에 참여하거나 개신교도 정치인을 공적으로 지지하는 일에 열심을 내었던 것이다. 1952년 정·부통령 선거 시 전국적으로 기독교선거대책위원회가 조직되었고, 한국 교회는 기독교도인 이승만, 이기붕 후보를 지원한다고 공표했다. 일제 치하 신앙을 이유로 탈정치화했던 개신교가 해방이 되고 나서 역시 신앙을 이유로 급작스런 정치화의 노선을 채택하게 된 것은 도대체 무슨 '조화'일까? 복음적 신앙과 보수적 정치 성향을 가진 한국 교회 주류가 탈정치화와 정치화를 선택적으로 반복한 데에는 분명 '정치적 이유'가 있다. 정치 참여적 교회는 억압하고 무해하거나 협조하는 종교단체에 대해서는 정교분리 원칙이 무색할 정도의 특혜를 베풀던 과거 일제의 정책 아래서는 '탈정치화'하는 것이 가장 유리한 '정치적' 행동일 수 있었다. 그러나 해방 후 전환기 미군정이나 제1공화국이 '종교 자유'를 표방하면서 개신교에게 편파적인 특혜를 주는 상황은 개신교의 '친정치적' 행보를 촉발하는 환경이 되었다. 앞서 살펴보았지만 개신교, 특히 청교도의 언약 사상 안에는 개인 경건과 사회 참여의 두 기조가 모두 포함되어 있는바 정세나 환경의 변화에 따라 잠시 접어 두었던 '사회의 기독교화'에 대한 욕망이 '친개신교적' 정국에서 드러나는 것은 예상 가능한 일이다.*

* 심지어 개신교 출신 대통령 아래서는 가톨릭마저 정치적 기회에서 소외되는 일이 발생했다. 가톨릭이 한국 근대사에서 야당의 정신적 지주 역할을 하게 된 데에는 제2바티칸공의회(1962~1965) 이후 제시된 사회복음 차원의 진보신학적 메시지의 힘이 크게 작용한 것이 사실이지만, 대한민국 건국부터 정치적으로 배제된 역사적 정황 역시 하나의 요인으로 작용했던 것 같다. 실제로 자유당 정권 당시 장차관급 이상 고위 관료의 비율을 보면 개신교 출신(39.2%)이 가톨릭(7.4%)에 비해 5배나 많았고, 민주당 집권 당시 잠시 엇비슷하던 숫자는 제3공화국 들어 다시 7배 차이(27.7% : 4.3%)로 벌어진다(강인철, 「미군정과 이승만 정권하에서의 교회와 국가」, 649쪽).

당시 "났다 하면 불이요 섰다 하면 교회", "말깨나 하는 목사는 정치하러 간다"라는 말이 유행하였을 정도로 교회가 흥했고 종교 지도자들의 정치 참여가 활발했다. '기독교 친화적' 정권을 맞아 한국 교회는 일요일에 행해지는 국가행사 반대, 국기배례 폐지, 기독교 교리에 위배되는 교과서 내용 시정 요구, 교역자의 전시 근로동원 반대 등을 요구하며, 새롭게 시작하는 국가와 사회제도 전반이 기독교적으로 재편되기를 '욕망'했다. 신앙 선배인 미국의 뉴잉글랜드식 모델은 이들에게 선망의 대상이요, 본받아야 할 모범이었다. 미국 유학파 개신교도였던 대통령과 개신교 출신 정부 각료들은 개신교 측 요구들을 국가정책에 적극 반영시켰다. '하나님의 도성'은 미국의 뉴잉글랜드가 아닌 한국 땅에서 이루어질 것 같은 분위기였다.

그러나 이승만 정권 당시 개신교의 사회 참여적 정당성을 강조하며 강력한 정치 성향을 공개적으로 드러냈던 한국 교회는, 정치적 목소리를 내는 교회를 탄압했던 박정희 군사정권 아래서는 다시 '전적으로 영혼 구원에 몰두하는' 영적 집단으로 변모하여 '탈정치화'의 입장을 선택한다. 제3공화국은 정부를 지지하거나 정부의 정책에 침묵하는 종교집단에 대해서는 자유를 부여했는데, 이에 맞춰 '탈정치화'의 선택을 한 교회들은 세계가 놀랄 만한 초대형 교회로 성장하며 세계 기독교사의 놀라운 기적을 이루었다. 1950년대 중반에 130만 명이던 한국 개신교도 수는 1960년대 말에는 300만 명, 1970년대 말에는 600만 명으로 증가했다. 1960년대 말에서 1970년대 말의 10년 사이에 인구 증가율은 26.19퍼센트였는데, 같은 시기 개신교도들의 증가율은 67.17퍼센트로 무려 두 배 반이나 되었다(이덕주, 「신학연구의 다양성」, 86쪽). 이 시기 급성장한 교회의 성향은 주로 비정치적 입장을 선택했거나 정부 정책에 협조적이었던 교회들이었다. 일례로 비정치적 복음주의 노선이었던 장로교의 합동파와 고려파는 1970년대 같은 장로교이면서 반정부적 정치색을 드러냈던 기독교장로회에 비해 무려 일곱 배나 몸집을 불렸다(박정신, 『근대한국과 기독교』, 17쪽). 일제 시절 정치적 교회에 대한 탄압에 '영화'靈化라는 살아남기의 정치적 전략을 선택했던 것처럼, 독재적 군사정권의 탄압 가운데 다수의 교회가 또다시 같은 정치적 선택을 하며 오히려 열악한 상황의 민중들을 '영적'으로 위로하며 양적 급성장을 하게 되었던 거다.

물론 군사 쿠데타가 발발하고 비상계엄이 선포된 무시무시한 상황에서 『사상계』에 「5·16을 어떻게 볼까?」라는 글을 싣고 신앙인으로서 역사의식과 정치적 입장을 분명히 했던 함석헌과 같은 개인들이 없지 않았다. 일부 진보적 교단과 단체들을 중심으로 1970년대에는 사회의 구조악에 저항하는 정치적 교회인 민중교회도 등장했다. 그러나 이들의 수는 전체 개신교도들을 놓고 볼 때 참으로 미약한 규모였다. 1970~1980년대 정치·경제·사회 영역 전반에 걸쳐 인권 침해의 문제 제기가 필요한 일들이 넘쳐났음에도 대다수 교회나 교인들은 침묵 내지는 동조적인 입장을 취했다. 단일 교회로 세계 최대라고 평가되는 여의도 순복음교회의 조용기 목사나 그와 긴밀하게 친교하며 성령강림형 대규모 부흥집회를 인도했던 미국의 스타 목회자 빌리 그레이엄Billy Graham은 대규모 전도 집회에 위정자들을 위한 기도 순서를 잊지 않고 넣었다. 십분 이해심을 발휘하여 하나님 보시기에 흡족치 못한 정치가들의 행위가 고쳐지도록 내심 바라며 기도한 것이라 해석한다 해도, 당시 독재적 정치 행태에 대한 저항이나 비판 없이 그들을 축복하시고 강건케 해달라는 기도는 정확히 칼뱅이 권고한 세상 위정자들을 대하는 개신교도들의 전형적 태도였다. 행여 그들이 악을 행하더라도 세상 권력에 저항하지 말라. 모든 권력은 하나님께로부터 온 것이다!

그러나 본격적으로 정부 주도적 근대화의 길에 들어서 있던 대부분의 교회와 개신교도들이 친정부적 성향을 보인 실제적 이유는 당시 개신교 교인들의 사회적 계급성과 긴밀하게 연관되어 있다고 보인다. 국가 주도의 계획경제 개발이 진행되는 과정에서 1970년대 크게 늘어난 사회계층은 비단 산업노동자만이 아니었다. 도시 중산층의 규모 역시 급증하였는데, 개신교 신자들 상당수가 중산층에 속해 있다는 사실을 간과해서는 안 된다. 부와 개신교 신앙에 관한 문제는 다음 장에서 보다 상세하게 다루겠거니와 그 밀접한 친화성은 근대 한국의 건설과 전개 과정에서도 여지없이 환상의 궁합을 보여주었다. 매년 국민총생산과 교회의 숫자가 손을 맞잡은 친구마냥 사이좋게 늘어나던 시절이었다. 현 체제에서 물질적 번영을 누리고 있는데 굳이 국가를 상대로 저항을 주도할 내적 동기가 있을 리 없었다. 철저한 정교분리적 입장을 표명하며 다수의 개신교도들은 전반적으로 정부의 정책을 지지하거나 묵인했다.

'근대화의 수혜자'라는 개신교도들의 특수한 위치와 더불어 개신교의 '친정부적 태도'를 강화시킨 역사적 배경으로 지적되어야 하는 하나는 기독교 신앙을 탄압했던 공산주의를 전쟁을 통해 몸소 겪은 한국 개신교도들의 집단적 트라우마이다. 한국 개신교의 정신적 지도자로 추앙받았던 한경직 목사를 위시해서 그동안 한국 교회에는 보수적·민족적 기독교의 본산지인 서북지방 기독교 전통에서 성장한 기독교인들이 많았다. 해방 전까지 전국 개신교도들의 70퍼센트 이상이 평안도와 황해도에 집중해 있었는데, 한국 교회사의 기적이라 불리는 서북지방 기독교의 특징에 대해 교회사가 민경배 교수는 '강렬한 민족의식'과 '충군애국의 기백'을 언급한 바 있다(민경배, 『한국교회의 사회사, 1885~1945』, 176~177쪽). 분단과 전쟁을 겪으며 공산주의자들로부터 핍박받고 가족과 재산을 모두 빼앗긴 채 목숨을 걸고 남하한 이들의 아픈 기억을 고려한다면, 해방 공간의 혼란과 6·25의 잔혹함이 이들에게 남긴 '반공'과 '자유민주주의 수호' 의지를 적어도 '이해'는 할 수 있을 것이다. 물론 이러한 이유로 남한에서 벌어지고 있던 부정의를 눈감아 주거나 심지어 '보수'하려 했던 개신교 정치 보수화의 역사는 냉정하게 비판받아야 한다. 그러나 오늘날까지도 약간의 진보 성향이나 반정부적 움직임에도 과도하게 신경증적으로 반응하며 시청 앞으로 몰려가 '종북 타도'를 외치는 극우 보수 개신교도들의 집단행동에는 나름 아픈 역사적 경험이 있음을 기억해 주었으면 한다.

3. 21세기 한국, 복음주의적 개신교의 정치화

1) 신정정치를 향한 새로운 열망?

> 왜 애를 낳지 않느냐. 젊은 애들의 극단적인 이기주의 때문이다. 자
> 기 재미를 위해, 애를 낳으면 골반이 흐트러진다며 안 낳는다. 우리
> 가 내년 4월에 기독교 정당을 만들어서 헌법을 개조해 아이 다섯 명
> 을 안 낳으면 감방에 보내는 특단의 조치를 취해야 한다.

청교도적 영성에 입각하여 대한민국을 개혁하겠다는 청교도영
성훈련원의 대표 목회자가 2011년 공적인 자리에서 했던 말이다. 기
사화된 내용을 읽고 잠시 아득해졌다. 1960~1980년대 중반까지도
현저하게 '탈정치화'되어 있던 개신교가 어쩌다 '기독교 정당'의 꿈
을 꿀 만큼 정치화되었을까? 제1공화국 이후 그 꿈을 접은 줄 알았던
'신정정치'의 욕망이 새 천 년을 맞이하여 다시 고개를 들고 있다. 이
정당을 지지하는 영향력 있는 목회자들이 신문 지상이나 공공 홍보
물에서 대한민국 국민의 '4분의 1'이라는 기독교도들에게 '신앙'의
이름으로 뭉칠 것을 호소했다. 한국 개신교도의 수를 고려할 때 뭉
치면 가능하다는 계산이었는데, 신앙적 양심으로 도저히 보아 넘길
수 없는 반인권적 시절 내내 개신교의 사회 언약적 차원은 접어 두고
'오직 영혼 구원'만을 외치던 그들이 오히려 민주화를 이룬 시점에
서 정치화하고 있음은 어이없는 일이었다. 2012년 총선에서 한국기

독당은 "종북좌파 척결하여 국가 정체성 확립한다", "좌파 정권이 저지른 반국가, 반사회, 반교육, 반기업, 반언론을 척결한다", "수쿠크법,* 동성연애법 등 반反복음적 법을 저지한다", "전교조, 학생인권조례를 반대한다" 등의 반공·보수 정책안을 내놓았고, 한미 FTA 수호나 제주도 강정마을 해군기지 설치 지지 등 진보 진영의 입장과는 정확하게 반대되는 정책들을 천명하였다. 북한 인권법의 제정을 호소하고 탈북동포 북송 저지를 강조했다는 점만이 적극적이고 차별적인 정책안이었다. 결국 한국기독당의 정체성은 '보수 정당'임을 분명히 한 것이다. 그러나 이러한 주장에 공감대를 형성하는 개신교인들이 많지 않음은 이미 세 번의 선거 결과를 통해 드러났다. 2004년 1.1퍼센트의 표를 얻었을 뿐 결과는 참패였고, 2008년 2.59퍼센트, 2012년 1.2퍼센트 등 매번 대한민국 국민 '4분의 1'의 단결을 기대하며 기독교표를 호소하지만 결국 비례대표를 얻기 위한 최소득표율 3퍼센트를 계속 못 넘기고 있다.

이런 극단적인 형태의 집단이 한국 개신교 전체를 놓고 볼 때 주목할 만한 숫자가 아님은 참으로 다행인 일이다. 덕분에 '아이를 달랑 하나만 낳은' 나는 감방에 가지 않아도 되게 되었다. 정당이란 본시 특수 집단의 이익을 쟁취하기 위해 싸우는 편향된 정치단체인지라, 어느 정당을 향하여 '보편적'이 되라고, 혹은 '만인에게 골고루 평

---

* 이슬람 채권에 소득세와 법인세 등의 세제 혜택을 주는 조세 특례에 관한 법안으로 2009년 9월 정기국회에 제출된 이래 개신교의 강한 반발을 받고 있다.

등하고 정의로우라고' 요구하기는 힘든 법이다. 결국 유권자로서 일반 시민들은 각 정당이 어느 집단의 이익을 대변하고 있는지 분석하고, 그 이익이 나의 이상이나 신앙 양심, 혹은 윤리적인 가치관에 부합하는지 검토한 뒤에 한 표를 행사할 일이다. 다행히 압도적 숫자를 가진 한국 기독교인들이 신앙과 시민의식을 구분해 준 덕분에 '한국을 16세기 제네바로 만들고자 하는' 기독당의 꿈은 현실이 되지 못하였고, 당분간 우리는 아이 5명 출산 법제화라는, 제도적 모순에 대한 사회학적 분석이 전무한 한 목회자의 황당한 주장을 법이라는 이름으로 실천하지 않아도 되게 되었다.

그러나 기독교 정당이 힘을 얻지 못했다는 사실 하나만으로 현재 대부분의 개신교도들이 정치적 문제에 의욕적이지 않거나 정치적 힘을 얻으려는 욕망이 크지 않다고 보는 것은 섣부른 일이다. 여전히 한국 개신교 주류는 보수적 정치관, 친자본주의적 경제관, 그리고 반공주의라는 공통분모를 소유한 채, 같은 이념을 공유한 정권을 전폭적으로 지지하는 커다란 정치적 힘을 보여 주고 있기 때문이다. 돌이켜 보면 최근 십수 년간 한국 교회, 특히나 보수적 혹은 복음적 교회 단체와 지도자들의 조직적 정치 참여가 두드러졌다. 정당 창당까지는 아니더라도 각종 사회 참여 단체를 설립하며 그간 진보적 신앙을 가진 교회나 단체들만의 관심사였던 '정치' 영역에 대해 '복음주의적' 교회의 관심과 정치 활동이 등장한 것은 특이한 현상이다. 대형 교회의 대표적 목회자들에게서 그간의 정치적 침묵과 무관심을 반성하는 설교나 글이 쏟아졌고, 기독 신앙에 입각하여 구조 개혁이나 사회적 가치 회복 등의 정치적 사안에 교회와 신앙인이 적극적이어야 함을 호소하는 일들이 빈번해졌다. 흥미로운 것은 이들이 식민지 말기나 1970년대 군사정부 시절 정치적 입장을 분명히 했던 소수의 진보적 교회나 단체들을 '비신앙적'이라고 비난하며, 신앙인 본연의 임무는 '영적 차원'의 문제를 다루는 것이라면서 '비정치적' 혹은 '탈정치적' 노선을 취했던 진영이라는 사실이다. 소위 '민주화 항쟁'의 결과로 얻어진 민주정치 시대가 본격화된 시점에서야 비로소 눈에 띄게 정치 세력으로 결집된 보수적 기독교 집단의 '정치적 이유'는 무엇이었을까?

종교사회학자 이원규에 따르면 근본주의란 "보수적인 정치적 힘과 동맹하여 국가, 가족, 교회에 대한 자유주의적 물결로 간주되는 것에 대한 투쟁을 추구하는 공격적이고 신념에 찬 종교운동"이다(이원규, 『한국교회 무엇이 문제인가?』, 137쪽). 신앙적으로 '복음주의적'이고 정치 성향으로는 '보수적'인 한국 교회의 정치 참여가 두드러지게 부각된 것은 1987년 이후였다. 한국 근현대사에서 1987년 5월이 상징하는 의미를 아는 사람이라면 의문이 생길 만한 시점이다. 오랜 군사독재가 실질적인 종말을 맞이한 '민주화의 봄' 아니던가? 대한민국 건국 이래 정치적 이슈에는 대부분 잠잠하던 한국 교회의 보수 진영은 왜 하필 그 시점에서 정치화했을까? 칼뱅주의적 개신교 전통을 이어받은 까닭에 그 신앙 내용 안에 사회 참여적 근거와 개인 영혼의 강조가 함께 들어 있다는 것, 때문에 정치 참여적 노선과 영적 구원 활동의 강조라는 탈정치화와 정치화 사이에서 보다 현실적인 '정치적' 선택을 반복하는 한국 개신교의 생존 전략을 이해해야 제3공화국 이후 현저하게 '탈정치화'했던 개신교가 1987년을 기점으로 정치화하게 되는 원인과 근거를 제대로 파악할 수 있다.

보수적 한국 교회의 대중적 정치 참여는 1987년 공명선거감시단 활동에서 '운동성'과 '조직성'을 보이며 전개되었다. 1989년에는 보수적 신앙과 정치관을 가진 교회들을 중심으로 한국기독교총연합회가 설립되었다. 그리고 2000년대에 와서 조직적으로 정치에 관여하기 위한 단체들이 우후죽순 늘어났다. 그동안 '가이사의 것은 가이사에게, 하나님의 것은 하나님에게'라는 정교분리 원칙을 고수하고, 「로마서」 13장을 근거 삼아 '위에 있는 권세가 하나님으로부터 났음'을 천명하며 신앙 위협이 아닌 한은 정권의 부정의나 폭력을 묵인하던 그들이, 21세기 들어와 영향력 있는 정치적 조직으로 거듭났다. 2004년 총선 이후 참여정부와 진보 여당의 이념에 반대하는 중장년층 보수 기독교 인사들을 중심으로 단체가 결성되었다. 이들은 '합리적 보수'를 주장하며 극단적인 근본주의자들과 자신들을 구별했다. '뉴라이트전국연합'과 '기독교사회책임'이 대표적으로, 신앙적으로는 복음주의적이고 정치적으로는 공산·사회주의에 적대적인 그룹들이다. 이들은 2007년 정권 교체를 목표로 연합 세력을 형성하는 정치적 결단력을 보이기도 했다.

문제는 가시적으로 드러나는 이런 몇몇 단체들의 존재만이 아니다. 신앙적으로는 복음적이고 정치적으로는 보수적인 입장을 가진 다수의 개신교 목회자들과 신자들 역시 정치적 결속력을 과시하며 공적 활동에 적극 참여하기 시작했다. 2007년 대통령 선거에는 '장로' 대통령을 청와대로 보내기 위한 대대적인 '정치적' 활동을 벌였다. "하나님이 함께하셔서 대통령 선거에서도 승리하실 줄 믿습니다." 한국기독교총연합회 대표회장은 기독교적 정책 요구를 적극적으로 제시하고 이를 수용하는 후보를 지지하겠다고 공표하며 개신교 장로인 대선 후보를 축복했다. 한국 개신교 역사와 신앙 면에서 상징적 위치에 있는 새문안교회의 담임목사도 '깰지어다. 일어날지어다'라는 설교에서 참여정부를 비난한 후에 대선에서 새로운 대반전을 이루어야 한다고 역설했다. 청교도영성훈련원의 리더는 특정 후보를 찍으라고 권고하는 설교 중에 이렇게 말했다. "나한테 약속했어. 개인적으로 꼭 청와대 들어가면 교회 짓기로. …… 만약 찍지 않으면 내가 생명책에서 지워 버릴 거야." 감리교단에 속한 단일 교회로서는 세계에서 제일 큰 규모인 금란교회 담임목회자도 "다시는 좌파 정권이 잡지 못하도록 …… 장로 후보를 마귀의 참소, 테러의 위협에서 지켜 달라고 기도해야 합니다"라며 목소리를 높였다. 온건한 중산층 개신교 집단을 대변하는 온누리교회 담임목회자 역시 "하나님의 마음에 합한 사람, 기도하는 사람, 하나님을 두려워할 줄 아는 사람을 대통령으로 선택해야 한다"라고 설교했다(김지방, 『정치교회』, 16~23, 100, 173~174, 238, 262쪽).

개신교 교회는 한국 땅에서 커다란 권력 네트워크의 핵심 공간이 된 지 오래다. 미국과의 긴밀한 연결 속에서 진행된 한국의 근대화 초기부터 주요한 역할을 해왔던 개신교도들이었기에 이들은 일찌감치 정치적·경제적·사회적으로 유리한 위치를 점유할 수 있었기 때문이다. 비단 한국 개신교만의 일은 아니다. 제도 종교로서의 기독교 역사 이래 조직으로서의 교회를 유지하는 것이 우선이었던 종교 지도자들은 평신도들의 현세적 요구로부터 무심하기 힘들었다. 속된 말로 신도들이 교회의 '돈줄'인데, 그들의 비위를 거스르는 설교를 하며 교회 조직을 흔드는 모험을 감행할 까닭이 없지 않은가. 평신도들의 욕망을 읽고 그들의 소망을 지지하고 확신하는 신앙 내용을 생산하고픈 '욕망'은 조직으로서의 교회를 키우고자 의도하는 종교 지도자들에게는 억누르기 힘든 큰 유혹이다. 교회의 평신도들이 신흥 자본가로 가득 찼던 근대 유럽과 미국의 개신교 교회 강단에서 '경건한 부자'가 선포된 것처럼(이는 3장의 주요 주제이다), 근대 한국에서 중산층 이상의 안정적 지위를 누리고 있는 평신도 다수의 선호도를 아는 개신교 목사들로서는 현재의 세속 질서 속에서 이미 유리한 위치를 점유하고 있는 중산층 이상의 평신도들의 의미 추구와 뜻을 같이해야 교회가 안정적일 것이란 계산은 금세 나올 일이다. 한국의 대형 교회는 정·재계 지도자들의 회합 장소요 인적 관계망을 넓히는 최적의 사회 기관이 된 지 이미 오래다. 한 여배우의 이름을 따서 조롱조로 회자되는 권력의 핵심 네트워크 집단 리스트에 강남의 대형 교회 이름이 버젓이 들어 있다. '소망'교회로 대변되는 대한민국 대형 교회들은 현재 누리는 것을 '지키고 싶은' 보수적 인사들, 지키는 것을 넘어 더욱 높고 더욱 부유한 세속적 지위를 욕망하는 사람들로 가득 차 있다.

2) 한국 교회는 왜 다시 정치화를 꿈꾸는가

교회의 정치 참여가 탄압받던 시절에 탈정치화의 선택을 했던 복음적·보수적 개신교가 2000년대 이후 정치적 목소리를 높인 까닭이 여기에 있다. 이들은 현재의 질서를, 현재의 제도를, 현재의 체제를 지켜야 할 필요가 있는 '근대 한국의 수혜자들'이기 때문이다. 물론 이들이 '지키고자 하는 목록'의 최상위에는 신앙적·도덕적 차원의 내용들이 포진하고 있다. 급격히 세속화된 현대 문화 속에서 청교도적 배경 속에서 확립된 기독교적 가치와 윤리들을 '수호'하겠다는 것이다. 무엇보다 '도덕 회복'을 지지하는 건전한 정부의 수립이 절실하다고 목소리를 높인다.

일차적으로는 미국발 개신교적 목소리에 영향을 크게 받는 한국 개신교가 이미 십수 년을 앞서 전개된 미국 개신교의 도덕 회복 운동의 직접적 영향을 받은 것이 원인일 것이다. 「레이건 시대의 기독교 신우파의 정치 참여」라는 논문에서 1980년대 급격하게 정치 세력화한 미국의 복음주의적 집단들의 동기와 계보학을 소개한 최명덕은 기독교 세력의 정치화를 "좌경화되고 세속화된 미국을 전통적인 미국으로 회복시키는 운동"이었다고 평가했다. 제리 폴웰Jerry Falwell의 '도덕적 다수'Moral Majority나 팻 로버트슨Pat Robertson의 '700클럽', 그리고 같은 노선의 '기독교인의 목소리'Christian Voice, '전통적 가치를 위한 미국 연합'American Coalition for Traditional Values 등은 모두 1960~1970년대 미국에서 유행하던 세속적 인본주의, 공산주의, 페미니즘, 낙태, 동성애, 공립학교에서의 기도 금지 등과 같은 사회적·제도적 문제들에 대한 반발로 집결한 기독교 정치단체들이다(최명덕, 「레이건 시대의 기독교 신우파의 정치 참여」, 269쪽). 경건한 신앙인이요 시민사회의 참여자로서 이들이 '지키고자 하는 것'은 성서적 세계관이다. 물론 '이들의 시각에서 성서적'인 세계관이다. 성서를 문자적으로 완전 계시라 믿고 있는 이들에게는 성서 안의 내용이 4,000년 전의 문화적 전제를 담고 있는지, 특수한 공동체의 지엽적이고 한시적인 관심사의 문제인지는 중요하지 않다. 성서는 하나님의 완전 계시이다. 때문에 성차별적·가부장적 성역할을 창조 질서로 고백한 유대교 남성 신학자들의 가부장적 색채와 상관없이 「창세기」의 내용은 여전히 영구불변의 진리로 선포된다. 남편과 아내의 위계적 관계성은 개신교적 변용을 거치기는 했지만(이는 4장에서 상세하게 다룬다) 여전히 하나님의 창조 질서로서 불변의 법칙으로 선포된다. 동성애 역시 같은 입장에서 하나님의 창조 질서에 어긋나고 도덕적으로 타락한 증거로 해석된다. 낙태는 "생육하고 번성하라"라고 명령하신 하나님의 선포와 생명을 중시하는 기독교 신앙에 반대되는 불신앙의 행동이기에 상황 불문하고 허용되어서는 안 된다. 이렇게 성서를 문자 그대로 믿는 경건한 신앙인들에게 동성애, 낙태, 여권주의는 모두 저항해야 하는 세속적 흐름이었다. 오랫동안 미국 교회를 벤치마킹해 온 한국 교회는 이미 동질화된 신앙을 소유하고 있는바, 점차 한국 사회도 '세속화'가 진행되는 1990년대 이후부터는 이러한 대항 운동에 적극 동참하였다.

그러나 보수적인 한국 개신교 집단의 급작스런 정치화에는 신앙적·윤리적 이유보다 더 다급한 실리적인 이유가 감추어져 있는 듯 보인다. 즉 1990년대 이후 진보적인 성향의 정권들이 들어서면서 개신교의 입지가 불리해졌던 정황에 대한 반발이다. 특히나 2007년 참여정부의 마지막 프로젝트였던 '재벌, 대형 교회, 강남 부자에 대한 재조정' 시도는 세 범주의 교집합적 위치에 있던 소위 '강남 교회'와 그 구성원들을 정치화시켰다. 그동안 비교적 온건하고 개인주의적인 신앙 성향을 표방했던 교회들도 이제는 '지켜야 할 것'이 생겨 버린 시점에서 정치적으로 각성하게 된 거다. 이 교회들의 구성원들이 바로 현 체제에서 자신들이 누리고 있는 것들을 위협받게 된 당사자들인데, 당연 설교와 기도회를 통한 보수 정당, 보수 정치인 지지 발언이 표면화될 수밖에 없는 일이었다. 이 경우 "존재가 의식을 규정한다"라는 맑스의 고전적 주장은 정확하게 들어맞는 것 같다.

비근한 예로 2006년부터 불거진 사립학교법 재개정 문제에 교회가 급격히 정치적 행동을 보였던 것은 기득권을 위협받음으로 인해 정치화한 개신교의 모습을 적나라하게 보여 준 사례였다. 한국 근대화의 시점에 '근대 정신'으로 소개되어 근대식 학교를 짓는 사회 선교에 주도적 역할을 해왔던 개신교의 입장에서 사립학교법 문제는 신앙적인 이유이든 조직 운영의 문제이든 '특수 집단으로서의 개신교의 이익'과 관련된 문제였다. 적극적 정치 행동으로 가두행진이나 기자회견, 기도회는 물론, 군사정권 당시 진보 성향의 정치적 인물들이나 감행하던 '삭발 퍼포먼스'를 목사님들이 나서서 공개적으로 실천했다. 전국에서 집결한 개신교도들은 사학법을 원점으로 되돌리라는 요구에 반대하는 국회의원들이 '다시는 국회로 돌아오지 못하도록' 낙선운동을 벌이겠다고 천명하기도 했다(김지방, 『정치교회』, 227, 229쪽).

정치적으로 보수적이고 신앙적으로 복음적인 교회들의 정치화가 이루어졌던 이 시점은 진보적 담론에 눌려 정권 교체를 당했던 보수적 정치 세력이 한국 교회를 주목하고 러브콜을 하게 되는 시점과도 맞물려 있다. 2003년 한국기독교총연합회 모임에서 강연자로 나온 『월간조선』 대표자는 목회자들 앞에서 현재 공산주의에 맞서야 할 우익 세력이 약화되고 있음을 지적하고 금전적·조직적 힘을 가진 한국 교회의 지원을 호소하였다. 대한민국을 지키는 거대한 반공 보루로서 '군대'와 '교회'를 주목했던 연사의 호소는 2003년 시청광장에서 열린 '나라와 민족을 위한 평화 기도회'로 결실을 맺었다. 개신교만의 집회가 아닌 보수·우익 단체들과의 연합 모임이었지만 한국 교회의 지도력·조직력·금전력을 보여 준 행사였다. 2007년 '친북 반미 좌파 종식 국민대회' 역시 기독교사회책임을 필두로 300여 개 보수 단체들이 참가했다. 이 집회의 공동대회장 9명 중 5명이 교회 단체를 대표하는 목사였으며, 교회집회가 아니었음에도 불구하고 특별 기도와 성경 봉독 순서가 식순에 포함되어 있었다(김지방, 『정치교회』, 64~65, 72쪽). 1997년과 2002년 대선에서 연이어 정권 획득에 거듭 실패하고 위태롭던 보수 정치 세력에게 한국 교회는 '아론'과 같은 든든한 협력자가 되어 준 셈이다.

결국 최근 십수 년 사이 급격하게 정치화한 복음적·보수적 교회 단체나 신도들의 행동은 특별히 새로운 신학 담론이나 기독교 본질에 입각한 신앙적 각성에 따른 것은 아니라고 본다. 한국 교회든 세계 교회든 조직을 유지하고자 했던 교회는 언제나 정치를 해왔다. 더구나 세속 사회에 참여해야 하는 시민으로서의 책임과 의무에 신앙적 정당성을 부여했던 개신교의 경우는 더더욱 그러했다. 중세적 욕망과 달리 교회의 세속 정부화나 세속 정부의 교회화를 의미한 것은 아니었지만, 교회와 국가를 엄격하게 구별하면서도 근대 세계 건설의 주된 참여자였던 행정 관료들, 정치·경제적 활동가들을 그 구성원으로 두었던 개신교 교회의 (칼뱅주의적) 신학과 신앙은 초월 신앙과 정치적 참여라는 두 갈등적 가치를 양손에 잡고서 시대와 상황에 따라 아슬아슬한 줄타기를 감행해 온 셈이다. 근대국가 및 시민사회의 탄생과 개신교 신앙 사이의 밀접한 친화성은 결국 한 시대를 살아가는 개신교도의 경건과 세속적 욕망 사이에 '경건이 정당화하는 세속적 욕망'이라는 기괴한 실체를 만들어 냈다. 그리고 그 친화성은 국가와 교회가 조화로운 협력 관계를 유지할 수 있는 조건하에서는 세속적 동행을, 갈등 상황에서는 사사화된 내면의 신앙 운동을 선택하는 이중성을 용이하게 만들었다. '이 세상 플러스 천국'을 모두 가지기 욕망하는 개신교 신자들은 모세와 같이 경건한 신앙으로 무장된 정치적 지도자를 많이 배출하여, 혹은 그 자신이 그런 지도자가 되어 지상에 '하나님의 도성'을 만들고자 욕망한다. 그러나 그들의 욕망이 함께 동행하기로 선택한 근대적 질서 자체가 과연 하나님의 뜻이 반영된 체제인지에 대한 비판적 성찰은 찾아보기 힘들었다. 악이 명백한 경우임에도, '세속 권력은 하나님이 허락하신 것이기에 순종해야 한다'는 칼뱅의 교훈(그 원조는 사도바울이다)은 이들로 하여금 세속 정부를 있는 그대로 용인하는 수동성 혹은 탈정치적 성향을 정당화시켰다. 이런 점에서 세상을 전혀 동행할 수 없는 이질적 질서라고 천명하며 초월한 수도자적 전통의 비역사성이나 탈정치적 성향과 비교하여 큰 장점이었던 개신교의 사회적 실천성은 오히려 역효과를 초래하고 말았다. "까마귀 노는 곳에 백로야 가지 말라"라고 했던가? 하나님의 뜻이 세속 정부와 세계 질서 안에서 이루어지도록 실천하겠다는 개신교 정치가들과 시민들의 적극적·참여적 욕망은 이미 들여놓은 발을 빼지도 못한 채, 그리고 이미 누리고 있는 세속 질서에서의 기득권을 놓지 못한 채, 점점 그들의 신앙적 동기를 상실하게 만들어 버렸다. 칼뱅은 "신앙의 이름으로 정치에 참여하는 것을 비판하는 것은 하나님을 대놓고 욕하는 행위"라고 했었다. 세상을 초월해 버린 신앙이 결과적으로 묵인하고 지속 가능하게 만드는 것은 부정한 세속 질서라는 인식 때문이었다. 적어도 그것만큼은 바른 인식이었다. 하여 칼뱅주의적 개신교도들은 경건의 이름으로 세상을 개혁하려 노력한 기독교 최초의 가장 영향력 있고 규모가 큰 집단이 되었다. 그러나 서구 세계와 한국 땅에서 진행된 근대 세계의 재편 과정 중에 표출된 이들의 야심찬 경건과 욕망은 초기의 동기대로 실천되지 못한 듯하다. 우리가 그간 목격한 상당수 개신교도들의 정치적 행보는 오히려 확연한 세속적 욕망을 성취하기 위해 체계적이고 조직적으로 경건을 끌어들여 신앙적 정당성을 부여하려는 듯 보이기 때문이다. 이쯤 되면 누가 '하나님을 대놓고 욕하고 있는 것' 인지를 물어야 할 시점이지 싶다.

3장

'경건한 부자', 경제적 욕망의 개신교적 동력

1. 대박을 부르는 하나님의 은총

1) 축복은 오직 우리에게만?

세계적으로 유명한 예언 사역자이신 ○○○ 목사님이 성령에 취해서 이런 예언을 하셨습니다. 주님께서 우리 교회를 통해 많은 사회적 지도자들을 배출하실 것입니다. …… 우리 교회를 인력자원 공급 센터로 사용하실 것입니다. 과학과 의학 분야에서 기름부음이 증가하게 될 것입니다. 우리 교회 성도들 중에 획기적인 의학적 방법으로 수술을 하여 세상을 깜짝 놀라게 하여 존귀함을 받을 사람이 나올 것입니다. 유명해지고 중요한 위치에 올라가서 『타임』지나 『뉴스위크』에서 소개될 의사나 발명가들이 있을 것입니다. 한 번도 생각지 못한 초자연적 아이디어를 순식간에 받게 될 것입니다. 주님께서 이를 알려 주실 것입니다. …… 세상 영역에서 높이 들린 우리 교회 교인들에 대한 이 예언은 어느 교회에서나 하는 것이 아닙니다. 하나님의 호의가 우리 교회에 계속 임할 것입니다. …… 오직 이 교회를 향한 것입니다.

강남 지역에서 최근 빠르게 성장하고 있는 한 교회 목사님의 설교 앞부분이다. 그냥 주일예배에서나 말씀하시고 말지 그걸 굳이 CD로 구워 여기저기 배포하신 덕분에 '지나가는' 나까지 듣게 되었다. 긴 내용이라 중략했지만 대박의 축복은 과학과 의학 분야에만 있지 않다. 정치가, 교수, 연예인까지 최고로 성공하는 이들이 이 교회에서 배출될 것이라는 예언이었다. 언뜻 들으면 아이들 대학 잘 보낸다는 명문학원 광고 같기도 하다. 다른 교회가 아니라 꼭 '우리 교회'에 '하나님의 호의'가 임해서 사회 각층에서 그리 성공하는 사람들이 나온다니 그 교회를 안 다니던 사람들도 가고 싶게 만들 만하다. 더구나 그 성공은 대한민국을 넘어서 글로벌할 것인즉 『타임』지나 『뉴스위크』지가 이 교회 성도들의 성공을 보도할 것이라니 말이다. 예수님께서 친히 나타나셔서 기도 중에 그리 말씀하셨다 하니 성도들은 그저 감격할 따름이다.

어쩌다 한 교회의 욕심 가득한 설교라면 걱정할 일이 아니다. 또한 각 전문 분야에서 성실하고 치열한 노력을 한 개인들의 기대라면 제3자가 뭐라 할 영역도 아니다. 문제는 이러한 기대가 오늘날 많은 교회 강단에서 울려 퍼지고 있다는 것이고, 이들이 기대하고 욕망하는 것이 "초자연적 아이디어를 순식간에 주시는" 하나님의 은혜라는 점이다. 물론 계시의 현존을 부정해야 한다는 말은 아니다. 초월적 힘의 현존을 믿는 종교인이라면 인간 이성의 노력을 넘어서는 영감이나 계시의 부분을 인정할 수도 있다. 아니 인정하는 것이 '신앙'이다(난 신앙인이므로 이를 인정하고 또 경험하기도 한다). 그러나 기독교인에게만, 그것도 한 특정 교회를 다니는 교인들에게만 배타적으로 내리는 계시, 더구나 개인의 세속적 성공을 위한 '전문적 아이디어'로서의 계시라는 말은 성서나 교리서 어디에서도 찾아볼 길 없는 인간의 사리사욕, 잘못된 욕망의 발현이다. 여기서 신·구약 성서 본문을 해석할 게재는 아니나, 기독교 성서 안의 다양한 계시는 모두가 개인의 부귀영화, 출세와는 관계가 없는 내용이었다. 카리스마 넘치는 전략과 초자연적 힘을 동반하는 계시 사건은 언제나 약소한 공동체였던 이스라엘의 절체절명의 위기 상황을 돌아보신 하나님의 은혜 사건으로 기록되어 있으며, 때문에 공동체를 위한 계시의 대상으로 특정인이 선택되었을 뿐 개인의 입신양명과는 무관한 일이었다.

"그것 봐라!" '우리에게만 내리는 계시'라는 특수 수혜를 욕망하는 이들은 이렇게 변론할 것이다. 나의 성공이 나만을 위한 것이 아니라고. 경건한 신자가 대박이 나고 갑부가 되면 그 돈을 다 자기 배 채우는 데 쓰겠냐고. 대량 실업에 나날이 빈자들이 늘어 가는 이 '글로벌' 위기 상황에서, 국제적 기아와 난민의 경제적 어려움을 덜어 줄 경제적 후원이 절대적으로 필요한 일 아니냐고. 경건한 신자 하나가 만 명, 100만 명, 아니 1,000만 명을 먹여 살릴 만큼 '대박'을 치는 일이 무에 그리 나쁘냐고. 그렇게 공동체의 유익을 위하여 나에게만 특별히 성공의 비결을 주시는 하나님의 은총에 무슨 잘못이 있냐고.

모 그룹 회장님이 좋아할 논리다. 그러나 '만 명 먹여 살리는 능력 있는 사원'을 기대하는 대기업 회장도, '은혜로 얻는 대박'을 꿈꾸는 경건한 신자도 놓치고 있는 것은 우리가 살고 있는 이 사회구조가 한 사람의 성공 혹은 '우리 집단'의 승리를 위해 얼마나 많은 사람들의 가능성과 성실성을 짓밟아야 하는가의 문제를 못 보고(혹은 가리고) 있다는 점이다. 여기서 기업 생리까지 왈가왈부할 일은 아니다. 거긴 또 다른 에토스가 있다고 주장하면 패러다임이 다른 나로서는 어찌할 수 없는 일이기도 하다. 그러나 적어도 같은 이야기가 '신앙'의 이름으로 정당화되는 현상에 대해서는 손 놓고 보고만 있을 수 없다. 경건한 신자가 어쩌다 보니 부자이기도 한 '우연성'을 타박할 신학적 근거는 없으나, 경건이 부와 성공을 창출하는 핵심적 수단이 된다고 설교하는 오늘날의 개신교를 향해서는 분명히 해야 할 말이 있기 때문이다.

결론부터 말하자면 역사적 우연성에 의해 결합된 두 지향성, 즉 경건 실천과 경제적 욕망 사이의 친밀성을 해체하는 것이 자신의 신앙 양심에 성실하려는 개신교 신앙인이 우선적으로 성취해야 하는 시급한 과제이다. '근대 서구 문명'이라는 하나의 패키지에는 개신교 신앙과 자본주의적 욕망의 추구가 함께 들어 있었다. 20세기 한국 기독교 지성 중 한 사람이었던 함석헌은 1930년대에 이미 한국 개신교의 자본주의 친화적 모습을 지켜보면서 그 기원을 정확히 간파하였다. 이윤 추구를 위한 시장에서의 경쟁적 열정과 더 많은 개종자를 얻고자 했던 선교사들의 선교 열정이 '한배'에 실려 한국 땅을 밟았음을 그는 알아보았다.

> 조지 맥퀸 씨는 어떻게 조선에 왔던가? 복음의 사명에 의하여서라고 할 것이다. 과연 복음의 사명으로다. 그러나 그를 태워 태평양을 건너게 한 그 배는 뉘 배였던가? 그것은 이상하게도 마몬의 아들들의 소유였다. 마몬의 배에 복음의 사도가 탔다. 놀랄 만한 일이다. 그러나 이것이 18세기 이래의 서양 문명이다. ⋯⋯ 마몬의 상인은 방주와 비슷이 그 배를 짓고 정직한 여러 신자는 간상奸商에 속아 그리스도와 벨리알이 동선한 선교 경기의 시대가 되었다. 그러나 그것도 잠깐이요, 실은 황금은 너무 무겁고 배를 띄우는 피의 물결은 너무 얕아 드디어 교회 부진의 부르짖음이 점차로 들리게 되었다. 오늘날 몇 개의 열심 있는 인사들은 디베라 바다의 선부와 같이 애써 배를 저어 나아가자고는 하지마는 밑에 순교의 혈조 마른 것을 어찌하리오!
> (함석헌, 『함석헌 전집 9』, 190~193쪽)

물질 숭배의 '맘몬적' 상인들의 배가 마치 노아의 방주처럼 '구원'의 상징이 되어, 근대화를 열망하는 '후발 주자' 조선에 당당히 들어왔다는 그의 지적은 정확하다. 이는 비단 우리만의 일은 아니었다. 근대 제국주의적 침략의 대상이 되었던 아시아적 상황에서만 발생한 사건도 아니다. '근대 세계'라는 하나의 특수한 세계 질서가 만들어지는 과정 중에 자본주의적 경제 시스템과 개신교 신앙이 이미 밀접하게 맞물려 진행되었다. 이 둘은 하나의 '패키지'로서 시간과 공간을 함께 나누는 동안 서로 떼려야 뗄 수 없는 긴밀한 관계가 되어 버렸다.

2) 소명으로서의 직업

막스 베버는 이 특별한 관계를 개신교 노동 윤리와 자본주의 정신 간의 '선택적 친화성'이라 불렀다. 18세기 뉴잉글랜드의 경건한 신앙인이요 '국부'로 추앙받는 정치가 벤저민 프랭클린Benjamin Franklin이 노동가의 도덕적·윤리적 생활 격률에 대해 권고했을 때 그 기저에는 종교적 동기가 살아 숨 쉬고 있었다. 그의 설교 속에서 발견되는 것은 아주 독특한 윤리였다. 인간은 할 수 있는 가장 금욕적인 자세로, 그리고 가장 합리적인 방법으로, 쉼 없이 노동하여 될 수 있는 대로 많은 돈을 벌고 또 버는 것이 '가치롭다'는 윤리 말이다. 자본주의적 기업가를 고무시키는 이 정신을 생성하고 이에 따라 일상의 행동을 재편한 근대 부르주아를 양산하는 데 '개신교 노동 윤리'가 상당히 큰 기여를 했다고, 베버는 그리 보았다.

　2012년 「돈의 맛」이라는 자극적이고 현실적인 영화가 세간의 관심이 되었지만, '돈의 맛'을 알고 이를 추구하는 개인이야 어디 자본주의 사회에만 있었겠나? 동서고금 금전 욕심을 부리며 벌고 또 벌어도 계속 물질적 탐욕을 느끼는 개인들이야 늘 존재했을 일이다. 베버는 결코 이 단순한 '돈 욕심'을 자본주의 정신이라고 부르지 않았다. 지속적으로, 삶의 전 목적을 돈을 버는 일에 두고서, 자신의 일상과 삶의 형태를 온통 금전적 이윤을 위한 것으로 합리적으로 재편하게 만든 정신, 그리고 그리 벌어들인 돈을 향락을 위해 사용하지 않고 더 큰 부를 위해 저축하거나 재투자하게 만든, 어찌 보면 향락이라는 일차적인 욕망을 '제어'하는 윤리적 격률을 자본주의 정신이라고 보았다. 그리고 적어도 17세기 영국과 네덜란드, 17~18세기 미국의 뉴잉글랜드 지방에서 이 정신은 자본주의적 생활양식보다 앞서 존재했다는 것이 베버의 사회학적 관찰이었다. '인간에게서 돈을 짜내야 할 이유'를 신앙 안에서 발견한 사람들, 아니 어디 돈만이랴. 부를 창출할 수 있다면 인간이 가진 모든 재능을 가능한 한 전부 짜내야 할 이유를 신앙 안에서 발견한 사람들이 청교도를 위시한 칼뱅주의적 개신교도들이었다.

세속적인 노동과 직업을 해석하고 거기에 의미를 부여하는 개신교도들의 '새로운' 신앙이 전통적인 노동관을 바꿔 놓았다. 전통적으로 유럽 대중들은, 더구나 그들이 경건하고 신실한 그리스도인이라면, 돈을 사랑하면 안 되는 것으로 배워 왔다. 생계를 위한 노동이란 '필요악'으로서 그저 먹고살 정도로 일을 하는 것이 노동에 부여하는 의미의 전부였다. 베버는 이를 '전통적인 노동 윤리'라고 불렀다. 더구나 기독교적 유럽에서 노동은 「창세기」 3장에 묘사된바 인간 타락의 형벌로 설교되었다. 먹지 말라는 생명나무의 실과를 먹고 하나님의 명령을 어긴 죄의 대가로, 여자는 해산의 고통을, 남자는 노동의 고통을 그 벌로 받았다고 고백하는 원인론적 설화 말이다. 그것이 이미 실존적 현실인 해산과 생산노동이라는, 달갑지 않은 인간 조건의 원인을 묻는 신학자들의 문학적 구성이라고 보는 것은 중세까지의 유럽에서는 상상도 못할 일이었다. 지금까지도 성서를 '문자 그대로 받아들이는' 다수의 신자들에게는 신성모독에 해당할 해석이다. 성서에 기록된 대로 노동은 죄의 대가다. 처음의 조상이 하나님 앞에서 죄를 짓지만 않았다면, 이리 땀을 흘리고 수고하지 않아도 땅은 소산을 내었을 일이다. 두고두고 아담이 욕을 먹는다. '먹고살기 위해서'라는 가장 소극적이고 구차한 의미 이외에 노동이 가지는 별다른 뜻은 없었다. 그래서 전前자본주의 사회에서 가장 보편적인 노동시간은 하루 5~6시간이었다고 한다. 그도 지금처럼 항상성을 가지고 계획되고 정해진 시간 안에 이루어지는 스케줄이 아니었다. 사정 따라, 컨디션 따라, 가족과 이웃의 일들로 인해 늦춰질 수도 때론 생략될 수도 있는 노동이었다. 생산노동에 매달리는 사람, 이윤 추구를 위해 여흥 시간을 없애고 잠자는 시간을 아끼며 눈이 충혈되어 일에 달려드는 사람은 신앙과는 거리가 먼, 물질의 신 맘몬을 섬기는 저급한 영혼이라 비춰지던 시절이 기독교 역사에서 꽤나 오랫동안 지속되었었다.

그런데 16세기 즈음 유럽의 세상이 바뀌었다. 더불어 노동을 해석하는 방식도 바뀌었다. 자신의 직업 활동을 가능한 한 체계적이고 항상성 있게, 합리적으로 조직하는 기업가, 수공업자, 행정가들이 생겨났다. 자신의 사회경제적 위치와 가정의 삶을 상승시키려 노력하던 중간계층이었다. 이들은 자신들이 획득하는 부가 세습된 것도 부정한 것도 아니기에(적어도 그리 믿었기에) 자랑스러워하는 사람들이 있었다. 더 나아가 합리적이고 금욕적인 노동 활동을 통해 정당한 이윤을 추구하는 것에 도덕적 가치를 두었던 사람들이다. 프랭클린이 설교 강단에서 개신교도들에게 강조했던 아래의 내용은 개신교 노동 윤리의 핵심이자 근대 자본주의의 정신을 닮아 있었다. 다소 긴 인용이지만 주요한 내용이 담긴 부분이라 지면을 할애한다.

시간이 돈임을 잊지 말라. 매일 노동을 통해 10실링을 벌 수 있는 자가 반나절을 산책하거나 자기 방에서 빈둥거렸다면, 그는 오락을 위해 6펜스만을 지출했다고 해도 그것만 계산해서는 안 된다. 그는 그 외에도 5실링을 더 지출한 것이다. 아니 갖다 버린 것이다.

신용이 돈임을 잊지 말라. 누군가가 자신의 돈을 지불 기간이 지난 후에도 찾아가지 않고 맡겨 두었다면 그는 나에게 이자를 준 것이거나 아니면 내가 이 기간 동안 그 돈으로 할 수 있을 만큼의 것을 준 것이다. 좋은 신용을 가졌고 그것을 잘 이용한다면 대단한 액수의 돈을 쌓을 수 있다.

돈이 번식력을 갖고 결실을 맺는 성격을 가진다는 점을 잊지 말라. 돈은 돈을 낳을 수 있으며 그 새끼가 또다시 번식해 나간다. 5실링은 6실링이 되고 다시 7실링 3펜스가 되어 결국 1백 파운드가 된다. 돈이 많으면 많을수록 돈은 더욱 늘어나며 결국 효용은 보다 급속하게 증가한다. ……

근면과 검소 이외에 모든 일에서 시간 엄수와 공정보다 젊은이를 출세시키는 것은 없다. 그러므로 당신이 빌린 돈을 결코 당신이 약속한 것보다 한 시간이라도 지체시키지 말라. 이는 그것에 대한 분노로 인해 당신 친구의 돈주머니가 당신에게 영영 닫히지 않도록 하기 위해서이다.

신용에 영향을 주는 것이라면 아주 사소한 행위도 조심해야 한다. 당신의 채권자가 오전 5시나 오후 8시에 듣는 당신의 망치 소리는 채권자로 하여금 6개월을 유예시키도록 할 것이다. 그러나 당신이 일하고 있어야 할 시간에 그가 당신을 당구장에서 보거나 주점에서 당신의 목소리를 듣는다면, 그는 바로 다음날 상환 독촉을 할 것이며 당신이 그 돈을 쓰기도 전에 다시 내놓으라 할 것이다.

당신이 갖고 있는 모든 것이 당신의 재산이라 생각하고 그에 따라 살려고 하지 말라. 신용을 가진 많은 사람이 이러한 착각에 빠졌다. 이런 점에 주의하기 위해서는 당신의 지출과 소득에 대해 정확히 알고 있어야 한다. 일단 세부적인 것까지 주의하는 노력을 한다면 다음과 같은 좋은 결과를 얻을 수 있다. 즉 당신은 매우 사소한 지출이 모이면 엄청나게 불어난다는 것을 발견할 것이고, 무엇을 저축할 수 있었고 또 앞으로 무엇을 저축할 수 있는지를 알게 된다.

당신이 영리하고 성실한 사람으로 알려져 있다면 당신은 1년에 6파운드를 1백 파운드로 사용할 수 있다. 날마다 10펜스를 낭비하는 사람은 1년에 6파운드를 낭비하는 것이며 이는 1백 파운드를 이용할 수 있는 기회를 버리는 것이다. 날마다 5실링에 해당하는 시간을 버리는 사람은(이는 단지 몇 분에 지나지 않을 수도 있다) 1년에 1백 파운드를 사용할 특전——이는 달리 계산하면 하루이다——을 상실하는 것이다. 5실링에 해당하는 시간을 낭비하는 사람은 5실링을 잃는 것이며 5실링을 바다에 던져 넣는 것과 똑같다. 5실링을 잃는 자는 단지 그것의 총액만을 잃는 것이 아니라 그것을 사용해서 벌 수 있었을 모든 것——이는 젊은이가 나이가 들 정도까지 되면 상당한 액수에 달할 것이다——을 잃는 것이다. (베버, 『프로테스탄티즘의 윤리와 자본주의 정신』, 34~36쪽)*

19세기 자본가들의 정신, 그러니까 전혀 신앙적인 언어가 들어 있지 않은, 자본주의가 하나의 경제제도로서 확립된 상태의 자본가들의 에토스를 사회학자 롤랜드 로버트슨Roland Robertson은 이렇게 묘사한 바 있다. "활동 자체의 본질적인 가치성에 대한 강조와 오랜 후의 보상을 성취하기 위하여 즉각적인 보상을 기꺼이 연기하려는 의지로 구성"되며 "그리하여 19세기 후반의 산업사회에 있어 기업적인 활동은 헌신, 금욕주의, 바람직한 경제적 보상을 성취하기 위한 최상의 수단을 강구하려는(경제적 합리성), 그리고 이에 따라 저축하고 투자하려는 성향의 특징들"을 갖는다고(로버트슨, 『종교의 사회학적 이해』, 170쪽). 우리는 이 정신을 이미 18세기 개신교 정치가 프랭

---

* 여기 인용한 구절들은 베버가 프랭클린의 두 설교 「부자가 될 이들에게 전하는 필수적인 정보」(Necessary Hints to a Those That Would be Rich, 1736)와 「청년 무역상에게 주는 조언」(Advice to a Young Trademan, 1748)에서 부분 발췌하여 의역한 것이다.

클린의 설교에서 찾아낼 수 있다. '경건한 능력자'의 대표주자 벤저민 프랭클린의 아버지가 열렬한 칼뱅교도였다는 사실은 이 두 에토스의 친화성을 설명하는 데 핵심적이다. 칼뱅은 재물에 대해 이렇게 가르쳤었다.

> 분명히 상아나 금이나 재물은 하나님이 창조하신 선한 것이며, 인간의 유익을 위하여 하나님의 섭리에 의해서 허용되고 지정받기까지 한 것이다. …… 그러나 풍요가 있는 곳에는 쾌락에 탐닉하고 스스로 그 속에 말려들어 정신과 마음이 현세의 쾌락에 도취되어 항상 새로운 쾌락을 열망하는데, 이런 것들은 하나님의 선물들을 합법적으로 사용하는 것과는 동떨어진 것이다. 그러면 사람들이 깨끗한 양심으로 하나님의 선물들을 깨끗하게 사용하기 위해서는, 무절제한 욕망과 과도한 낭비와 허영과 교만을 떨쳐 버려야 한다. (칼빈, 『기독교 강요』, 332쪽)

'현세내적 금욕주의'thiswordly asceticism라는 베버의 명명은 적절하다. 이 정신이 서구 자본주의적 근대 세계가 성장하던 당시 개신교도들의 정신세계를 지배하고 있었다. 물론 '정신'만으로는 현실적 삶이 바뀌지 않는다. 13~14세기에 발생하여 점차 그 독립적 지위를 획득해 간 무역 중심의 자유도시들의 존재가 이런 새로운 종류의 노동 행위를 가능하게 하였다. 중세 봉건적 제약으로부터 비교적 자유로운 도시들은 자유시민 그룹을 형성하기에 좋은 배경이 되었다. 이들의 자본력은 웬만한 제후들이 무시하기 힘든 큰 영향력이었다. 자유로운 상공업자들과 행정가들이 많은 이 자유도시들은 자신들에게 이익이 되는 새로운 질서를 꿈꾸었고 자연 가톨릭과 전통 지배 세력에 저항하는 종교개혁을 지지하게 되었다.

실은 그게 베버의 질문이었다. '자본주의적 현대 문명'이라는 특정 문화 현상이(베버는 이를 보편적 문명 발전으로 오인하였지만) 왜 하필 16~17세기 경제적으로 발전되고 종교개혁 사상, 특히나 칼뱅주의를 받아들인 지역들에서 생겨난 것일까? 무엇보다 전통적 노동과는 다르게 과도하고 경쟁적인 경제활동을 발전시킨 지역들은 왜 종교개혁 사상을 받아들인 지역과 겹치는 것일까? 한 줄짜리 간단한 답은 이러하다. 네덜란드의 칼뱅주의자들, 영국과 미국의 청교도들은 경건한 신자인 동시에 열성적으로 이윤 추구에 목을 맨 사람들이었기 때문이다.

찬찬히 살펴보자. 같은 시절임에도 유럽의 가톨릭교도들은 전반적으로 자본주의적 영리 활동에 덜 적극적이었다. 가톨릭이 중세적 세계를 지탱하는 세계관을 가지고 있음이 하나의 이유일 것이다. 그들은 베버가 말한 전통적인 의미의 노동 이해를 가지고 있었던, 그래서 마지못해 최소한의 생계형 노동을 하거나, 만약 신앙심이 깊은 '경건한 가톨릭'이라면 그로부터 초연히 떨어져 나와 수도원에서 '저세상적 금욕주의'otherworldly asceticism를 실천하며 살아갔을 일이다. 그러나 이들과 상반되게, 과도한 노동 의욕 때문에 종종 동료 노동자들로부터 '유난 맞다'는 비난의 시선을 감내해야 했고 가톨릭 이웃들로부터는 '돈을 밝힌다'는 경멸의 눈총을 받아야 했던 개신교 신자들에게는 다른 식의 노동 윤리가 존재했다. 그리고 그 윤리는 '상승하려는 제3계급'에 속했던 중간계층의 직업인들에게 자신들의 직업 소명에 있어 종교적 동기를 부여했다.

노동과 직업에 대해 급격한 변화를 초래한 칼뱅주의와 그 사상을 이어받는 몇몇 종파들이 합의한 1647년의 「웨스트민스터 신앙고백」은 이들의 설명할 길 없는 '과도한 노동 의욕'을 이해하는 실마리를 제공한다.

인간은 죄의 상태로 타락함으로써 정신적 선과 구원으로 인도하는 의지의 모든 능력을 상실했다. 따라서 선을 완전히 저버리고 죄 속에서 죽는 자연적 인간은 회개할 수 없으며 아니면 회개를 준비할 수조차 없다. …… 신은 당신의 영광을 계시하시기 위해 당신의 결단으로 어떤 이는 …… 영원한 삶으로 예정하셨고 또 어떤 이는 영원한 죽음으로 예정하셨다. …… 당신의 영광스러운 의로움을 찬미하심을 기뻐하신다. 신은 당신이 정하신 생명으로 정하신 자들, 오직 그들만이 당신이 정하신 알맞은 시간에 당신의 말씀과 성령을 통해 유효하게 소명하심을 기뻐하신다. …… 의로운 심판자이신 신께서 그 이전의 죄 때문에 눈멀게 하시고 모질게 만드신 악하고 신 없는 자들에 대해서 말한다면, 신은 그들로부터 그들의 오성을 밝히고 감동케 할 수 있는 당신의 은총을 거둬들이셨을 뿐 아니라 …… 그들을 자신의 욕정, 세계의 유혹, 사탄의 힘 등에 맡겨 버리신다. 그렇게 하여 그들은 신께서 다른 이들을 유순케 하기 위해 사용하시는 바로 그 수단에 의해 더욱더 모질어진다. (베버, 『프로테스탄티즘의 윤리와 자본주의 정신』, 77~78쪽에서 재인용)

물론 21세기 기독교 신자들 중에는 이런 신앙고백을 읽으며 불편해할 사람들이 적지 않을 것이다. 나 역시 그중 하나이다. 적어도 내가 믿는 하나님은 누구는 구원하시기로 예정하시고 누구는 버리기로 작정하신, '막히고' '닫히고' '고착되어' 모든 결정과 상황을 '종료한' 그런 신이 아니다. 『실낙원』을 쓴 밀턴John Milton도 칼뱅의 신 이해나 인간 이해를 접하여 그리 말했다. "설령 지옥에 간다 해도 그러한 신은 결코 나의 존경을 강요하지 못할 것이다."

그러나 당시의 보통 평신도들은 밀턴만큼의 지성과 신앙적 소신을 갖지 못했었다. 단지 그들은 자신들을 가톨릭 전통에서 해방시킨 새로운 종교적 가르침인 '개신교'적 원리에 따라 '인간이 구원을 위해서는 의지적으로 할 수 있는 것이 하나도 없음'을 인정했다. 오직 믿음으로, 오직 은총으로만! 성전 세금과 구원 확증을 함께 부여했던 중세 가톨릭으로부터 그들을 자유롭게 만든 것이 바로 이 믿음이었기 때문이다. 그러나 가톨릭으로부터 해방되어 개신교도 개인이 이제 맞닥뜨린 것은 '전대미문의 내적 고립감'이었다. 하나님께 절대주권을 모두 돌린 개신교의 엄격한 신앙고백에 의하면, 이제 신자 개인이 구원받았음을 확신할 그 어떤 외부적 장치는 없다. 교회나 교황, 사제가 확증해 줄 수 있는 게 아니니 말이다. 자신이 구원받기로 선택되었는지, 영원히 멸망할 자로 예정되었는지 알 길도, 확증할 제도적 장치도 없는 '고독한 신자 개인'은 이제 홀로 신 앞에 서 있을 뿐이다. 하루하루 매순간 자신의 상태를 점검하며 실낱같은 암시라도 잡아 보려는 개인들의 처절한 몸짓은, 삶의 전제가 온통 기독교적이던 16~17세기 유럽을 살아 보지 못한 우리에게는 도저히 이해 불능인 그들만의 문화적 조건이었다.

이러한 '고독한 개인'(근대 개인주의적 자아 개념의 발생에 단초를 제공했던)을 향해 개신교 성직자들은 '소명으로서의 직업'을 설교했다. 이들에게 세상은 멸망할 공간도, 피해야 하는 공간도 아니었다. 세계는 하나님의 뜻이 이루어져야 하는 신의 창조 영역이고 활동 영역으로 이해되었다. 이 세계는 하나님의 영광을 드러내는 방향으로 재편되어야 했으며, 따라서 이들은 그 일을 신자 하나하나가 소명으로 받았다고 설교했다. 이제 신자들은 신의 영광이 세계에 드러나기 위하여 자신의 일을 통해 자기의 몫을 감당해야 했다. 적어도 자신의 직업 활동은 '구원에 도달하는 수단'은 못 될지언정, '구원에 도달해 있음을 확인하는 수단'은 될 수 있었다. 다시 말해 개신교 개인에게 일(노동)은 구원의 수단이 아닌 구원 소유의 척도였다.

칼뱅주의를 따르는 금욕적 개신교도들의 신학적 논리는 이러하다. 이들이 믿는 신은 절대주권을 가진 존재다. 누구를 구원하시고 누구를 멸망시키시기로 미리 정했는지 유한자인 인간은 (설령 그가 교황이라 해도) 알 수가 없다. 오직 인간이 할 수 있는 몫은 자신이 구원받은 사람에 속해 있다고 믿으면서 소명으로서의 일을 열심히 하는 것뿐이다. 세상은 하나님의 뜻이 이루어져야 하는 곳이고, 그곳에서 성실히 열심히 무언가 기여할 만한 일을 하고 있다는 건 하나님을 기쁘시게 하고 영광되게 하는 일이라 믿기 때문이다. 맡은 바 세속 직업에서 열심을 내다 보면 자신이 구원받았는지 아닌지 궁금하고 불안한 마음조차 잠시 잊을 수 있으니 이는 일석이조다. 아니, 하나님께는 영광을 돌리고 자신의 불안감은 감소시키며 거기다 결과로서의 부를 얻을 수 있으니 일석'삼조'인가? 무엇보다 직업에서의 성과가 신자 개인의 구원 상태를 입증한다는 믿음도 보편적으로 확산되었다. 즉 하나님이 구원하시기로 예정하신 사람들은 현세적으로도 늘 지키시고 보호하시기 때문에 하는 일을 축복하실 터이고, 따라서 성공하게 된다고 말이다.

물론 사업하다 망했다고 그것이 곧장 '하나님이 그를 영원한 멸망으로 예정하셨다'는 것을 의미한다고 믿지는 않았겠지만, 적어도 구원 상태에 있는 신자는 이 세상에서, 세속의 일에서도 그 모든 어려움을 극복하고 종국에는 승리한다고 설교했고 신자들 또한 그리 믿었다. 만약 성실하고 믿음 좋은 신자가 하는 사업마다 망한다면, 거기에는 하나님의 뜻이 있을 것이라 해석되었다. 그가 실패와 고통의 의미를 충분히 깨닫고 난다면, 구약성서의 욥과 같이 나중에 더 큰 성공으로 보상하신다는 그런 믿음 말이다.

적어도 이런 믿음을 가진 신자는 다른 사람들의 눈에는 '비합리적으로 보일 만큼' 열정적으로, 쉬지 않고 일을 하고 노동을 하고 공부를 했다. 근대 초기 개신교 신앙을 가진 직업인들이 '정직하고 성실한 노동'의 대명사로 비춰진 까닭이 여기에 있다. 신자 개인은 이 땅에 하나님의 영광을 드러내는 '주의 도구'로 유비되었다. 이전까지 신비주의적 수도자 전통에서 신성을 자신 안에 담아내기 위하여 가능한 한 자기를 비우고 세속을 떠나 깨끗하고 온전하게 하나님의 현존을 담아내는, 흔히 '그릇'으로 비유되는 신자의 정적 이미지는 새로운 이미지로 대체되었다. '도구'는 사용하는 자의 능동 의지에 의해 움직인다는 점에서 여전히 그릇과 마찬가지로 '의존적'이고 '수동적'이지만, 그러나 활동의 면에서는 그릇과 달리 끊임없는 운동성을 보여야 하는 적극적 존재이다. 세상의 일을 멈추고 세상을 떠나 차분히 묵상하는 가운데 하나님의 영성을 자기 존재 안에 가득하게 채워 나가는 수도자의 '저세상적 금욕주의'는 이제 개신교 신앙인의 이상적 경건 실천이 아니었다. 개인은 초월적 목적, 그러니까 구원이라는 '현세외적' 목적을 위해, 이 세상에서 '현세내적으로' 치열하게 살아가야 했다. 주의 영광을 위한 도구로서 자신의 역량과 능력을 극대화하면서, 그러나 자신의 욕망이나 쾌락은 절제하면서 경건하게 사는 태도! 이것이 베버가 이름 붙인 개신교도들의 '현세내적 금욕주의'이다.

'주의 도구'라는 경건한 칼뱅교도의 자기인식은 자본주의적 개인이 가지는 '돈 버는 기계'로서의 기능과 상당히 닮아 있다. 칼뱅에게서 확립된 연결은 아니었으나, 자본주의와 개신교 윤리가 공존하며 진행되던 근대 세계에서 도구와 기계 사이의 선택적 친화성은 점차 강화되어 갔다. 경제·정치·사회 영역 전반에서 관료제가 하나의 보편적 삶의 제도로 정착되어 가는 과정 중에서, 적어도 '주의 도구'로서의 정신과 삶의 자세는 관료제적 이상형의 모습과 상당히 일치하기에 경쟁력을 가질 수 있었다고 본다. 어느 도구가 기분 따라 상태 따라 기능하기도 하고 안 하기도 할 자유의지가 있겠는가. 주인의 뜻에 따라 항상 최고로 기능해야 하는 '도구'로서의 삶은 관료제 운영의 원리인 항상성이나 기능적 효율성과 맞아떨어졌다.

놀고자 하는 욕망은 자연스런 것이다. 감각적이든 정신적이든 즐거움을 추구하고자 하는 욕망도 자연적이다. 피곤하면 쉬고자 하는 욕망도 그렇다. 가끔 그냥 이유 없이 아무것도 하고 싶지 않은 욕망도 자연히 발생할 수 있다. 그러나 매 순간 자신의 직업 영역 안에서 '최선·최상'으로 기능하는 '주의 도구'가 되려 했던 경건한 개신교도는 자연적인 인간의 감정(욕망)에 따라 충동적으로 살아가는 생활 방식과는 구별되는 일상을 살았다. 그들의 성실한 '노동에의 욕망'은 전혀 자연발생적이지 않았다. 그것은 그들의 기질과도 상관없었다. 그들의 과도한 노동에의 욕망을 촉발시키고 지속시킨 것은 신앙이었다. 그들의 의미 구조 안에서 그들은 자신들의 신앙에 입각한 '경건'한 실천을 금욕적으로 수행했을 따름이겠지만, 이렇게 매일매일, 순간순간 자신의 노동 행위를 합리적으로 금욕적으로 수행해 가는 '주의 도구'는 어느덧 현대 관료제의 '기계' 같은 전문인의 모습이 되어 버렸다.

2. 청빈에서 청부로! 노동 윤리의 변화

1) 노동의 성스러움

'초월적 동기를 가지고 세상을 금욕적으로 살아가게 한 정신', 베버가 '현세내적 금욕주의'라고 불렀던 그 정신이 근대 자본주의의 발생과 전개 과정에서 '이념형'의 기업가를 만들어 갔다. '경건한 기업가'는 자신이 벌어들인 돈으로 불필요한 낭비를 일삼거나 과시하고 권력을 뽐내는 그런 사람이 아니었다. 경건과 능력은 이념형의 기업가가 대변하는 두 성품이면서 동시에 경건한 개신교 신자의 이상적 모습이었다. 이들에게는 '청부'淸富, 즉 정당하고 떳떳한 노동의 대가로 얻은 부요富饒함을 추구하되 자신이 획득한 부에 대해 사심이나 탐욕이 없는 부자가 경건의 지표였고 이상이었다.

그러나 고작 칼뱅교도에게나 의미 있었을 '청부론'이 근대 자본가적 이상을 형성할 정도로 영향력이 있었다고 주장하는 것은 과장이 아닐까? 칼뱅교도들이야 '구원 상태의 확인'을 위해, 주께 영광을 돌리는 '도구'로서 기능하기 위해 그리 열심히 부의 생산과 축적을 욕망하였다지만, 어디 종교개혁가들이 칼뱅만 있나? 루터도 있고 츠빙글리도 있고……. 다른 종교개혁가들도 모두 칼뱅처럼 혹은 칼뱅주의자들처럼 경건 실천으로서의 부의 획득을 강조했을까? 여기서 개신교 지도자 개개인의 노동관과 경제 윤리를 상세하게 소개할 수는 없지만, 그럼에도 한 가지 그들이 공통으로 인정하고 있는 것은

'노동의 신성함'이다. 노동에 대한 긍정적이고 적극적인 해석이 자본주의적 경제활동에 임하는 개신교도들에게 끼친 영향을 고려한다면 오늘날 개신교 신앙의 경건과 '청부'에의 욕망이 결부되는 과정에 꼭 엄격한 칼뱅교도만이 참여했을 것이라고 단정 짓기는 힘들어진다. 칼뱅보다 한 세대 이전 인물이었고 자본주의적 상인 계층이 주요한 설교 대상자가 아니었던 루터도 노동하지 않고 무위도식하는 행위를 경계했다. 루터에게 있어 '가난한 삶'은 신자의 선택이라면 비난받을 이유가 없는 자유의 문제였고, 부자가 되는 것 역시 성실한 노동에 근거한 개인의 선택일 뿐 찬양받을 일도 비난받을 일도 아니라는 입장이었다. 다만 중세 가톨릭에서는 경건한 신자의 모습으로 추앙받을 만했던 극단적 '청빈', 그러니까 매일 먹을 양식조차도 그날의 은혜에 맡기고 '빌어먹는' 탁발 수도자의 삶은 루터로 오면 소위 '노동 없는 생계' 행위로 비난받았다.

지금 가장 시급한 문제 가운데 하나는 기독교에서 모든 구걸행위를 사라지게 하는 일입니다. 기독교인 중에 누구도 구걸하러 다녀서는 안 됩니다. 만일 우리가 매사에 용기 있고 진지하게 행동할 자세가 되어 있다면, 어떤 법규를 제정하는 것도 쉬울 것입니다. 요컨대 각 도시가 가난한 사람들의 생계를 돌봐야 하며, 순례의 형제든 탁발 수도회든 어떤 이름으로 불리든, 낯선 거지들을 허용해서는 안 됩니다. …… 현재의 잘못된 관습에 따라서 한 사람이 다른 사람의 노동 덕분으로 나태하게 지내거나 또는 다른 사람의 어려운 삶 때문에 부유해지고 편안하게 사는 것은 결코 당연한 일이 아닙니다. 그도 그럴 것이 '누구든 일하지 않는 사람은 먹지도 마십시오'라고 바울도 말하고 있기 때문입니다. "그리스도께서도 사도들에게 같은 말씀을 하셨습니다. '일꾼이라면 누구나 삯을 받아 마땅합니다'"(「누가복음」 10:7). (루터, 『독일 기독교 귀족에게 고함』, 110~112쪽)

청교도의 노동과 직업 태도 확립에 기여했던 리처드 백스터에게 있어서 힘든 육체적 또는 정신적 노동은 사람으로 하여금 유혹에 저항하도록 돕는 의미 깊은 고행술, 즉 경건 실천으로 여겨졌다. 백스터는 일을 하기 싫어하는 것은 당연히 중생하지 않은 심령의 징후라고 경고했다. 노동 자체가 하나님을 기쁘시게 하는 것이 아니다. 가장 중요한 것은 특별한 소명의식에 입각하여 합리적이고 조직적이며 질서 있고 훈련된 노동을 기꺼이 반복하는 신자의 성실함이다. 거의 성례전의 거룩함까지 지니게 된 노동에 대한 신앙적 접근은 이후 대부분의 개신교도들이 내면화한 가르침이었다.

'모두가 하나님 앞에 평등한 영혼'이요 '만인이 제사장'이라 믿었던 개신교 지도자들이었지만, 그래서 이들의 종교개혁 사상이 정치 영역에서는 근대 시민사회를 여는 중요한 정신적·사상적 토대를 형성하는 데 기여했지만, 여전히 신분제를 살고 있던 초기 청교도들과 경건한 개신교도들이 과연 사회 전반에 있어 전면적인 평등을 믿고 있었느냐 묻는다면 이는 상당히 회의적인 부분이다. 특히 이들이 경제 제도적 측면에서 모두가 평등한 사회를 건설하기를 욕망했다고 보기는 어렵다. 아니, 이들은 빈자와 부자 사이의 '유기적 연대'라는 측면에서 오히려 전통적인 사회관을 가지고 있었다. "가난한 이들은 항상 너희 가운데 있을 것이다." 예수도 그리 말했다지만, 개신교도들은 그들의 신앙 선배들과 마찬가지로 가난의 문제가 제도적으로 해결될 것이라고는 믿지 않았다. 다만 남다른 성실성으로 부요하게 된 경건한 신자들이 능력이 부족해서든 상황이 열악해서든 생계를 잇지 못하는 극빈자 이웃에게 '자선'을 베푸는 것이 권면되었을 뿐이다. 세상은 그렇게 '유기적'으로 창조되었고 유지된다고 믿었다.

2) 부르주아의 종교, 개신교

'개신교' 하면 떠오르는 첫인상이 뭐냐고 학기마다 수강생들에게 질문을 던지면 가장 많이 나오는 대답들은 '있는 사람들의 종교', '살 만한 사람들이 믿는 종교', '부자들이 다니는 곳'이라는 표현이다. 처음부터 흐름을 따라오며 읽어 온 독자라면 그런 선입견이 생길 수밖에 없는 역사적 이유들을 대략 파악할 것이다. 혁신적 아이디어를 고민하며 성실하고 근면하다 못해 금욕적으로 자기를 통제해 가면서까지 노동에 열중하는 근대적 개인들 중에 개신교도의 수가 압도적으로 많았으니 자본 발생의 초기에 호기를 잡은 그들로서 부의 획득은 어느 정도 당연하다고 말이다. 그러나 노동의 필요성과 더 나아가 노동의 신성함을 강조했던 개신교도들이었지만, 처음부터 '부'를 하나님의 은총으로, 하나님 임재의 증거로 그리 찬양했던 것은 아니었다.

흥미로운 지점은 개신교 설교자들의 '부'의 해석이 시대와 환경에 따라 서서히 변화해 갔다는 점이다. 유럽 대륙의 개신교들, 영국과 미국의 청교도들에게 '재산을 불리는 데 유난히 재능이 있는 경건한 신자'에겐 재능을 통해 공공 사회에 유익을 끼치기 위한 하나님의 특별한 계획이 있는 것으로 비추어졌다. 그것이 반드시 경제적인 성취가 아니라고 하더라도 세속 직업에서의 성공은 개인의 은총의 증거를 넘어 그가 속한 보다 넓은 사회를 위한 유익으로 해석되었다.

그러나 영국의 청교도들에게도, 종교적 자유를 찾아 새로운 땅으로 이주한 뉴잉글랜드의 청교도들에게도 물질적 부요함은 주된 인생의 목적이 아니었다. 비록 그들이 성실한 노동의 결과로 획득한 돈의 정당함과 이를 법적으로 주장할 수 있는 합법적 권리를 인정하기는 했지만, 이것은 백스터의 말마따나 "언제나 벗어 버릴 수 있는 얇은 겉옷"과 같은 것이었을 뿐이다. 자신의 재력 범위 안에서 누릴 만한 것이라면 멋지고 아름다운 물건을 소유하거나 문화생활을 향유하는 것 또한 곧바로 '죄'라고 비판받지 않았다. 그것이 하나님께 드리는 헌금이나 이웃에 대한 기부에 지장을 초래할 만큼의 사치가 아니라면 대부분 인정받았다. 뉴잉글랜드에 도착한 1세대 청교도들은 적어도 경건이 성공을 보장한다거나, 빈곤이 심판이라고는 생각하지 않았다. 만약 경건한 신자임에도 불구하고 가난한 사람이 있다면 이는 하나님이 필시 궁핍함에 처하는 경험을 통해 영적 교훈을 가르치기를 계획하셨거나, 아니면 신자 개인으로 하여금 세속적 관심을 적게 하여 경건 훈련에 힘쓰기를 원하시기 때문이라고 해석했다.

물론 중세 가톨릭의 주장과는 분명히 구별되는 것인즉, 빈곤 자체가 지향해야 할 보다 거룩한 경건의 상태라고는 보지 않았다.

그러나 17세기 말 정착에 실패한 사람들과 하층민 출신의 이주자들이 뉴잉글랜드의 도시로 급격히 이주해 오면서 가난한 사람들이 늘어나고 이들로 인한 각종 사회문제가 불거지자, 청교도 2세대 설교자들은 가난한 사람들을 바라보는 시각을 달리했다. 이들은 '가치 있는 가난'과 '게으른 가난'을 구별하기 시작했다. 성실히 노동으로 자기의 경제적 위치를 향상시킬 수 있었을 사람이 노동하지 않아서 빈곤한 상태에 처해 있다면 이들은 '악한 사람들'이라고 묘사되었다. 기독교가 생겨난 이래 단 한 번도 연결된 적이 없었던 죄와 빈곤 간의 연관이 점차 명확해져 갔다. 3세대 목회자들에게 오면 가난에 대한 종교적·도덕적 비난은 더욱 강화되었다. 가장 대표적인 3세대 청교도 저술가요 설교자였던 코튼 매더에 의하면 술취함은 사람들을 가난하게 만들고 가난한 상태에서 벗어나지 못하게 하는 가장 중요한 도덕적 타락으로 죄악시된다. 매더는 게으른 빈자에 대해서는 구제할 필요가 없음을 천명했다. 그들을 경제적으로 돕는 것은 신앙심 깊은 부자들의 경건 실천으로 간주되지 않았다. 오히려 게으른 가난뱅이들을 더 열악한 삶의 조건으로 빠져들게 만들 뿐이라 평가했다(카튼, 『청교도 정신』, 220쪽). 이런 입장은 지금까지도 영미 청교도 신앙을 전수받은 개신교도들이 사회적 차원의 복지제도를 부정적으로 바라보게 되는 근거가 되었다. 이웃으로 하여금 노동 의지를 박탈할 정도의 자선이 아니라면, 자선은 신앙심 깊은 부자들이 자신의 경건을 실천하는 귀한 통로로 권장되었다. 17세기 말과 18세기 뉴잉글랜드의 청교도 설교자들은 점차 자본주의적 구조를 잡아 가는 자신들의 사회에서 부유한 신자들이 가지는 경제적 능력과 사회적 영향력을 파악해 갔다. 더구나 1691년 선거권을 행사하는 근거가 교회 회원 자격에서 재산의 소유권을 가진 자로 변경되었고, 결과적으로 성직자들은 교회 정치와 경제의 장래를 위해 상인계급을 장려해야 유리하다는 것을 알아차렸다. 무엇보다 이 시기 종교 엘리트에 해당하는 많은 청교도 목회자들이 상인계급 출신들과 혼인 관계로 엮이게 된다(카든, 『청교도 정신』, 291쪽). 이것이 시사하는 상징성은 뚜렷하다. 이제 경건과 물질적 욕망은 결혼을 하였다. '죽음이 그들을 갈라 놓을 때까지' 동반자적 길을 걷기로 약속하고서…….

자본주의적 언어로 자선을 권장하는 설교들도 이 무렵 등장했다. 자선은 "영원히 이자를 지불할 뿐만 아니라 이생에서 재산을 늘려 줄 수 있는 확실한 투자"라고 말이다. 점차로 자본주의화되어 가는 사회에서 청부에 대한 가르침은 점차로 "영원한 이자"보다는 "이생에서 재산을 늘려 줄 수 있는 확실한 투자"에 방점이 찍히게 되었다. 부유한 신자들의 귀에도 달콤한 캔디 같은 메시지였고, 이에 부응하여 설교가들 역시 투자가 되는 자선의 측면을 점점 더 강조하였다. 이제 자선은 "눈에 보이는 보상이 바로 올 것이라는 합의로 행해지는 계산적이며 실리적인 합리성의 궁극적 행동"이 되었다. 어느덧 자선은 신앙심 깊은 신자의 진심에서 우러나오는 계산 없는 경건 실천이라기보다는 "자선 행위자의 세속적이며 경제적인 개인주의 기량의 완전한 통달을 나타내는 것"이 되어 버렸다. 청교도 연구가 앨런 카든은 근대 자본주의 사회에서의 사회윤리인 '경제적 개인주의'가 이 과정에서 형성되었다고 보았다. 슬프게도 성직자들에 의해 정당화되고 나아가 신성화된 부의 축적과 투자로서의 자선은 그들의 후손들이 직면할 전도된 세상을 준비하고 있었다. 카든의 비탄에 젖은 분석은 옳았다. "그리하여 '산 위의 성'은 전혀 다른 것이 되고 말았다"(카든, 『청교도 윤리』, 222~223쪽).

물론 이 시절 모든 청교도 지도자들이 부유한 상인계급에 사탕발림 같은 설교를 전했던 것은 아니다. 그들의 사회에서 상인들의 존재가 불가피함을 인정하면서도, 이들의 성장이 경건한 뉴잉글랜드를 위협할 수 있음을 파악하고 경고했던 청교도 지도자들도 상당수 있었다. 예를 들어 존 히긴슨John Higginson은 상업의 성공이 오히려 뉴잉글랜드의 사명을 부패시킬 수 있다고 신자들에게 경고하는 것을 잊지 않았다. "뉴잉글랜드가 원래 장사의 이주지가 아니라 신앙의 이주지라는 사실을 절대로 잊어서는 안 된다. 상인들과 이익을 늘려 나가는 사람들은 이것을 기억해야 한다. 곧 뉴잉글랜드 백성의 목적과 계획은 세상적인 이득이 아니라 신앙이었다는 사실이다"(Higginson, *The Cause of God and His People in New England*, pp.10~12. 카든, 『청교도 윤리』, 290쪽에서 재인용). 그러나 '신앙 우선'이라는 청교도들의 명백한 입장에도 불구하고 점차로 번창해 가는 상업과 무역 활동에서의 경제적 이윤은 뉴잉글랜드를 '번영의 상징'으로 비춰지게 만들었다. 점차로 청교도들과는 전혀 다른 신앙적·종교적 토대를 가진 사람들이 뉴잉글랜드로 몰려왔다. 청교도 지도자들이라고 번창하는 무역의 유익들을 부인하긴 힘든 일이었을 터이다. 어느새 이들은 신앙과 재물, 이 둘을 다 가지고자 욕망하며 이를 신학적으로 정당화하게 된 것이다. 그러나 그 대가로 되돌릴 수 없는 사태가 발생했다. 막대한 이윤 추구가 가능한 꿈의 땅 뉴잉글랜드, 더 이상 영국 기원 청교도라는 동질적인 사람들의 집합 장소가 아닌 욕망의 땅에서 살게 된 청교도의 후손들은 어느덧 '번영신학'이라는 기괴한 개신교의 변종을 만들어 냈다.*

3. 한국 교회의 물질적 욕망

1) "우리도 한번 잘살아 보세"

근대화를 욕망하던 19세기 말과 20세기의 한국인들에게 '서구' '기독교'는 부와 번영의 상징이었다. '풍요로운 서구'를 만든 정신으로 홍

---

* 신학적 지류의 하나로서 번영신학은 1950년대 등장한 이래 현재까지도 꾸준히 그 영향력을 발휘하고 있다. 물론 번영신학이 청교도 전통에서 바로 파생된 것은 아니다. 길고 복잡한 이야기이고 책의 논점에서 멀리 갈 우려가 있어 생략하지만, 성령의 은사를 통해 영적·물질적 번영을 갈망하던 오순절파 계통의 신앙 운동과 신학화가 번영신학을 낳은 가장 직접적인 계보임은 밝혀야 하겠다. 그러나 물질적 축복에 대해 신앙적 정당성을 부여한 전통이 개신교의 전반적인 가르침이었고, 미국 땅에서 청교도의 후예들이 축복으로서의 '청부'의 삶을 설교하고 자선의 투자성을 강조했던 것을 기억한다면, 번영신학이라는 이 '변종'의 도래에 대해 '나는 관계없다' 손을 씻을 형편은 못 된다고 본다.

보되는 기독교를 '사수'하기 위해서라는 명목으로 선교사들조차 한국인들이 자신들에게 기대하는 물질적 부유함을 자주 정당화했다. 서양식 건축물과 근대식 주거 환경이 보여 주는 풍요로움과 안락함이 기독교의 결실이라는 메시지를 강력하게 전달하기 때문에 선교사들은 "한국 땅에서 귀족이나 백만장자에 흡사한 생활을 하는 것"이 오히려 선교 효과가 있다고 주장하기도 했다(Appenzeller, "The Relation of the Wives of Missionaries to Mission Work", pp.61~62). 비단 선교사의 모델뿐만이 아니었다. 서양의 언어와 서양의 교육, 그리고 서양 문물을 제일 먼저 습득한 한인 개신교도들이 얼마나 멋진 전문 직업을 갖게 되는지, 그리고 얼마나 풍요로운(종교적 언어로는 '축복받은') 삶을 살게 되는지 보여 주는 것도 무시 못할 간접적인 선교라고 가르쳐 왔다. 실제로도 전후 근대국가의 수립 과정에서 개신교도 출신 정치가, 경제인, 교육가들의 활약이 두드러지면서 기독교 신앙과 성공(부와 출세)은 밀접한 상호 연관관계를 갖는 것으로 인식되었다. 너도나도 '한번 잘살아 보려'고, 그 근원이 된다는 하나님의 축복을 구하고자 교회로 몰려들었다.

시작부터 서구 근대적 풍요에 대한 열망이 담겨 있었던 한국 개신교의 주류 성향이 '구복적' 물질 추구와 밀접히 결합된 형태로 고착·발전한 것은 6·25 전쟁 이후 복구를 위한 간절하고 시급한 상황, 그리고 집약적으로 진행된 1960~1980년대의 근대화 과정과 맞물려 있다. 폐허가 된 건물은 말할 것도 없고 남북 쌍방에 200만 가까운 사상자와 10만 전쟁고아를 남긴 전쟁이었다. 그것도 같은 민족끼리, 형제자매끼리 총칼질하며 제 살 도려낸 잔혹한 전쟁이었으니 어찌 겉으로 드러난 것만이 상처였겠는가. 전 국민이 받았을 정신적 공황상태는 가히 짐작이 가고도 남는다. 물론 개신교가 이렇게 처절한 국가적 고난을 선교의 '호기'로 이용했다는 말은 결코 아니다. 그러나 집단적 상실감과 절대 가난의 상황은 개화기 이후 다시 한번 '풍요로운 자선의 손길'을 베푸는 '미국발 기독교'의 존재감을 드러나게 했다. 우선적으로 물질적 폐허 상태에서의 회복이 절실한 마당에 정부 차원에서뿐만 아니라 민간 선교단체를 통한 미국 기독교인들의 물자 후원은 그야말로 '하늘 양식'이었다. 오죽하면 '밀가루 신자'라는 말이 다 나왔을까. 교회를 통해 배부되던 밀가루를 얻으려 기독교 신자가 되던 시절이었다.

민중의 절실한 요구를 잘 읽어 낸 조용기 목사의 '순복음교회'는 당시 개신교의 아이콘이었다. 이른바 '삼박자 축복'이라 불리는 그의 목회 전략은 시대적 '욕망'에 제대로 반응한 것이었다. "네 영혼이 잘 됨같이 범사에 잘되고 강건하기를" 축복하는 성경 구절(「요한 삼서」 1:2)을 선택적으로 가져와 경건한 신앙 생활을 통한 '부와 건강, 영혼의 평안'이라는 '삼중의 축복'을 보장했고, 많은 이들을 교회로 끌어들이며 여의도 순복음교회는 단일 교회로는 세계 최대 규모의 교회로 성장해 갔다. 이 시기 신복음주의 계열의 미국 부흥운동과 번영신학이 영혼 구원과 물질적 축복, 육체적 건강을 약속하면서 전도 열기를 더욱 뜨겁게 했다. 1949년 '삼백만 구령 운동'을 성황리에 마친 이래 매년 한국을 방문하여 부흥 전도 집회를 연 미국 침례교 부흥사

피어스Bob Pierce는 전쟁 직후인 1955년 집회에서 2만 명이 집단 개종하는 '성령의 역사'를 이루었다고 흥분하였지만, 어찌 성령이 그에게만 유별난 카리스마를 부여했겠는가! 한국 근현대사를 아는 사람이라면 1955년이라는 연도만 보더라도 2만의 집단 개종이 무엇을 의미하는지 금세 파악할 수 있을 일이다. 빌리 그레이엄도 1952년 이래 수차례 내한하였는데 1973년 여의도광장 집회에는 100만 명 이상의 인파가 몰렸고 4만 개종자를 내었다. 이후 대학생선교회 주최 '엑스폴로74 기독교 세계복음회 대회'을 비롯, 1977년 '민족복음화 성회', 1980년 '세계복음화 성회', 1984년 '한국 기독교 백주년 선교 대회' 등은 한국 주류 개신교의 형태를 '성령강림형'으로 고착시키는 데 일조했다(이덕주, 「신학연구의 다양성」, 87~88쪽 참조).*

* 미국발 개신교 전통이 모두 성령강림형인 것은 아니나 이 시기 한국 기독교 평신도에게 큰 호응을 얻었던 분파는 압도적으로 성령강림형이었다. 무엇보다 개신교의 유입 자체가 19세기 말~20세기 초 미국 북동부에서 일었던 대부흥 물결 직후에 형성된 세계 복음 전도 열기의 결과였다. 자유주의 신학이 주장하는 합리적이고 역사적인 신앙 접근에 대한 반발이 이 운동에 주된 동기를 부여했던 만큼 신앙의 이성적·합리적 성찰 영역을 약화시키거나 삭제하려는 움직임이 강했다. 성령의 임재를 체험하고 회개의 뜨거운 눈물을 강조하는 이 운동의 여파가 '하필' 500여 년을 지속했던 한 왕조의 몰락을 지켜보며 불안에 떨던 구한말의 조선 민중에게 전해진 거였다. 여기에 식민 정부의 정교분리 정책, 1919년 3·1독립운동 이후에 민족적 성향의 교회와 신자들에 대해 가해진 탄압, 해방 후 독재정권의 정치적 탄압은 가뜩이나 감성적·영적이던 개신교의 성향을 더욱 강화시켰다. 물론 개신교 유입 이래 소수지만 토착신학적 움직임도 꾸준히 있었고, 예수의 삶을 닮은 청빈의 자세로 온 생애를 살아 낸 개인이나 소공동체 운동도 존재했다. 무엇보다 1970년대 개발독재의 상황에서 개신교의 사회복음적 전통에 입각하여 가시적 존재감을 보인 민중교회도 있었다. 그러나 한국 교회의 '주류'는 그 특징으로 이름 붙이자면 '성령 강림형'이라 부르는 것이 타당하다고 본다.

선교 초기 개신교 선배들의 정황이 그러했듯이, 미국발 번영신학은 또 한 번 한국 땅에 시기적절하게 들어온 셈이다. 번영신학은 전후 국가 재건과 절대 가난의 극복이 요청되는 시점에서 크게 한국 교회를 열광시켰다. 이 세상에서 누리는 영적·신체적·물질적 번영을 설교한 '번영신학'은 미국'발'이라면 최상의 신뢰를 주는 한국 개신교 목회자들과 평신도들의 열광적인 호응 속에 한국 땅에서 승승장구했다. 번영신학의 초기 주자였던 로버트 슐러Robert Schuller는 캘리포니아에 반짝반짝 신데렐라 동화 속 궁전 같은 '수정교회'를 짓고 글로벌하게 방영되는 텔레비전 프로그램 「능력의 시간」을 통해 믿음을 가지고 자기가 얻고 싶은 바를 꿈꾸라고 신자들에게 '긍정 마인드'를 설교했다. 한국 목회자들은 너도나도 슐러의 목회 전략을 따라하기 바빴다. 많은 목회자들이 대형 교회를 형성하며 적어도 외면적으로는 그의 '목회성장학'의 효능을 입증하였다. 슐러의 수정교회는 2011년 파산을 하여 매각되었지만, 그럼에도 이 사건은 이 땅에서 건강과 행복, 물질적 풍요를 누리게 하시는 하나님의 축복을 굳게 믿고 있는 '긍정적 마인드'의 신앙인들에게 자신들의 신앙과 신학을 재고하는 계기가 되지 못하는 듯하다. 물론 보다 전통적인 청교도 신앙을 전수하고 있는 학자들과 목회자들, 신도들이 번영신학이 본질적으로 개신교 신앙에서 벗어나 있음을 비판하는 목소리를 높이고 있지만, 신자유주의적 경쟁 환경 속에서 그 어느 때보다 절망적인 대중들은 여전히 번영신학의 달콤한 물질적 약속을 최후의 보루로 붙들고 있다.

번영신학과 그 추종자들은 신자유주의적 환경(무한 경쟁과 고용
불안정)이 일반 대중들의 삶의 조건이 된 1990년대 이후에 또다시 눈
에 띄게 번성했다. 물질적 헌금을 '믿음의 씨앗'처럼 심는 자들에게
병의 치유와 물질적 형통을 보장했던 오럴 로버츠Oral Roberts의 후계
자들이 발달된 매체 수단을 적극 활용하여 전 세계적인 운동을 전개
하고 있다. 이들은 「마가복음」 10장 30절에 나오는 예수의 '씨앗' 비
유를 가져와 '100배의 보상'을 설교하고 다닌다. '한 알의 씨앗을 땅
에 심으면 30배, 60배, 100배의 결실을 얻는다'라는 예수의 비유에서
씨앗은 돈이 아니라 '하나님 나라의 비밀'이었다. 그러나 앞뒤 문맥
을 다 잘라먹고 씨앗을 돈과 성공으로 치환시킨 이들은 이 씨앗을 드
리고 청구하면 하나님이 영수증도 발급하신다고 가르친다. 로버츠
의 제자 조이스 마이어Joyce Meyer는 그녀의 청중들에게 이렇게 말한
다. "당신이 내어놓으면 하늘에서는 영수증을 발급합니다. 당신이 필
요할 때 당신은 영수증을 들고 가서 말합니다. 하나님, 보십시오. 제
가 뿌린 것의 영수증입니다. 제가 이제 필요하니 영수증을 현찰로 바
꿔 주십시오." 글로리아 코플랜드Gloria Copeland는 "10달러를 드리
면 1,000달러를 받는다. 1,000달러를 드리면 10만 달러를 받는다. 다
들 곱셈을 알 것이다. 그러나 나는 100배의 보상이 얼마나 명쾌한 것
인지 양단간에 확인하길 원한다"라고 선언하였다. 집 한 채를 내놓
으면 100채를, 비행기 한 대를 내놓으면 비행기 100대에 해당하는
가치의 보상을 받는다 한다. 차 한 대를 드리면 평생 사는 동안 무진
장 차를 탈 수 있다 하니 「마가복음」 10장 30절은 그야말로 수지맞

는 장사의 비법이다. 행크 해네그래프Hank Hanegraaff가 '새로운 헌금 기법'이라고 부른 이 설교는 선포되자마자 작은 헌금함이 모자라 베개 겉싸개를 급히 구해 헌금을 담아야 할 만큼 효과가 좋았다. 더 나아가 협박도 전략이다. 치유 사역과 더불어 스타가 된 베니 힌Benny Hinn은 이렇게 말했다. "여러분, 여러분의 씨앗을 뿌리지 않고 가지고 있을 때마다, 여러분이 좋건 싫건 간에 하늘나라에서는 20퍼센트의 벌금이 부과됩니다. 아니 여러분이 내놓지 않으면 하나님이 참사를 일으켜 걷어 가십니다. 이 사실을 잊지 마세요! 그렇습니다. 이것이 말씀입니다. 하나님께 드리지 않으면, 당신이 싫건 좋건 곤경을 통해 가져가실 것입니다"(해네그래프, 『바벨탑에 갇힌 복음』, 351~353, 364~365쪽에서 요약·재인용).

이들이 사용하는 '접촉점'이라는 신성의 전달 수단은 개신교 전통이라기보다는 오히려 중세 가톨릭에 가깝다. 성물의 힘에 의지하는, 한마디로 '감염 주술'이다. 헌금을 하는 사람의 '녹색 기도손수건'이나 기도해 주는 목회자가 보낸 성유, 손수건, 자기들 옷에서 떼어낸 천의 일부가 접촉점이 되어 성령의 능력을 발휘한다는 주장이다. 초대교회 시절 베드로의 그림자만 지나가도 병이 나았던 기적 기사를 인용하며 자신들에게'만' 특별히 주어진 능력을 믿으라고 말한다. 가톨릭이 가장 부패했던 정점에서 영혼의 구원을 위해 면죄부를 팔았던 테첼'들'과 그들에게 열광했던, 혹은 어쩔 수 없이 의존했던 신자들은 그나마 '경건'한 사람들이었다. 적어도 그들은 돈과 영혼의 구원을 맞바꾸려 했기 때문이다. 오늘날 번영을 설교하는 개신교 목회자들은 '100배의 부'를 위한 종잣돈으로서 헌금을 강요한다. 자신의 교회, 자신의 선교단체에 드리는 그 돈이 100배로 늘어나 돌아올 것이라고 장담하면서…….

이들의 개신교 선배들도 가르친 바지만, 부요함 자체야 뭐가 나쁘겠나? 성실하고 정직한 노동의 대가라면 말이다. 그러나 번영신학을 가르치는 설교자들은 신자유주의적 경제구조의 모순 속에서 직장을 잃고 가정의 위기를 당한 신자들에게 개인적인 자기 긍정으로 모든 어려움을 극복하여 경건과 능력을 겸비할 수 있다고 설교함으로써, 구조악의 문제를 가리고 있다는 점에서 잘못을 저지르고 있다. 더구나 믿음과 선포, 그리고 약간의 투자(씨앗 믿음)만으로 얻는 물질적 '대박'을 가르치니 이것은 더욱 심각하다. 자신이 땀 흘리지 않은 것, 자신이 수고하지 않은 물질적 풍요가 하나님의 선물로 주어질 것이라 가르치는 이들의 설교는 금융자본주의의 투자 수익과는 가깝되, 개신교 선배들의 '청부'와는 거리가 멀어도 한참 멀기 때문이다.

신앙과 부의 결합은 이미 17세기 말쯤 오게 되면 청교도들조차 가졌던 욕망이었다. 이 욕망이 개신교 운동의 다른 지류, 즉 재침례교파 운동이나 천년운동 같은 16세기 유럽 평민과 농민들의 운동에서 촉발되어 이어져 온 또 다른 전통과 만나 번영신학을 낳았다고 볼 수 있다. 청교도운동이 엘리트 계층으로 부상한 제3세력의 내러티브라면, 재침례교파 운동이나 천년운동은 물질적 박탈감에 대한 보상 심리와 물질적 관심을 욕망하는 하층민 신자들의 신앙 지류였다. 20세기 초반까지는 어느 정도 구별이 되었던 이 두 신앙 지류는 물질적 부의 추구에 일종의 '스포츠적 경쟁력'이 덧붙게 된 근대 세계의 정점을 지나 탈락자와 실패자들이 점점 더 늘어나게 되는 20세기 후반이 되면 계층적 변별력을 찾을 길이 없을 정도로 뒤섞여 버리게 되었다. 물질적 박탈감이나 대박의 욕망은 이제 어느 한 계층의 문제가 아니다. 더구나 단파 라디오와 텔레비전, 컴퓨터, 인공위성의 발전 덕분에 경건을 가장한 물질적 욕망은 '글로벌'하게 날개를 달게 되었다. 한국 개신교 대형 교회들은 이 '전 지구적 네트워킹'의 가장 큰 수혜자이다. 미국의 신우파적 개신교 스타 목회자들의 방송과 강연이 교회 모임에서 소개되고 그들의 책이 교회 내 서점에서 날개 돋친 듯 팔려 나간다. 인터넷과 다매체의 발달은 국적 불문하고 물질적 풍요의 영적 비결을 가르치는 강의에 접근성을 용이하게 만들었다. 이제 번영신학에 열광하는 사람들은 '이 세상적 질서'에서는 도무지 해결책도 희망도 없는 하층민 빈자들만이 아니다. 한국에서 이 신학은 매체 접근성이 용이한 수도권과 신도시 중심, 중산층 이상 계층의 전문인 집단, 고학력 주부들에게 더 크게 어필하고 있다. 이들 중에는 아예 집에 위성 수신용 안테나를 달아 놓고 미국 기독교 방송을 실시간 청취하는 열광적인 신자들도 상당수이다. 영어 설교를 듣다 보면 신앙이 깊어질 뿐만 아니라 영어 실력이 향상되어 직장에서도 자신감을 얻게 된다는 '꿩 먹고 알 먹고'의 신앙 간증도 이어진다. 실제로 이 유형 교회들에는 영감과 계시를 받거나 신앙 안에서 경건성을 확립하는 것으로 세상을 이기게 하는 능력을 키우는 리더십 훈련 프로그램이 넘쳐 난다.

이미 1950~1960년대 물질적 축복을 말했던 부흥 강사들이 강조했던바 '은총에 의해 순식간에 얻는 부와 성공'은 1990년대 이후 연공서열이 아닌 능력별 승진을 덕목으로 여기는 신자유주의 시대를 맞아 신자들에게 더욱 호감을 주게 되었다. 청부론적 태도, 즉 하나님 앞의 깨끗하고 경건한 신앙을 가진 신자가 복으로 받는 부와 풍요에 대한 믿음은 근대적 질서의 발생 초기에는 성실하고 합리적인 노동 행위를 동반하는 것이었으나, 사회 구성원 모두가 경쟁 체제에 돌입해 있는 21세기 무한 경쟁 시대를 맞아 '청부'에 대한 욕망은 주객이 전도된 양상으로 펼쳐지고 있다. 특히 IMF 이후 경제적 어려움을 겪었던 가장들, 이로 인한 가정적 위기를 겪은 부부들, 가정에만 머물면서 겪는 삶의 무의미성에 고통받는 고학력 전업주부들, 무한 경쟁 체제로 돌입한 학교와 학원 생활의 압박으로 고민하는 십대들에게 이 세상에서의 '남다른 경쟁력'과 '성공'을 보장하는 복음은 너무나 매력적이고 절실하다. 이제 신자들은 세상에서의 부나 영예, 지도력의 추구에 있어서는 다른 경쟁자들보다 월등히 우월한 하나의 원천, 즉 '하나님의 축복'을 더 가지고 있다고 믿게 되었다. 한마디로 '세상에서의 경쟁력을 높여 주는 신앙'이 그들의 최종병기이다.

2) 신자유주의 시대의 짝패

요컨대 이미 개신교 노동 윤리의 발생 과정에서 존재했던 자본주의적 성공과 경건한 신앙 윤리 간의 친화성은 미국에서 강화되어 기이한 형태의 번영신학을 탄생시켰고, 한국 땅에서 전쟁이라는 역사적 비극과 복구 의지, 21세기 신자유주의적 무한 경쟁의 생존 지옥이라는 맥락 속에서 적극적인 호응을 얻었다. 이제 경건한 개신교 신자들이 욕망하는 것은 두 가지이다. 이 세상에서의 물질적·신체적 축복과 사후에 보장될 영원한 생명! 그야말로 '이 세상 플러스 천국'을 다 가지겠다는 '욕망'이다.

"청교도는 직업인이기를 바랐다. 반면에 우리는 직업인일 수밖에 없다"라고 비탄해 마지않았던 베버의 현실 인식은 정확했다. "언제든지 벗을 수 있는 얇은 겉옷"과도 같았던 세속 직업은 오늘날의 현대인들에게는 '강철 같은 겉껍질'iron cage이 되었다. 베버의 용어로는 '개신교 윤리의 일상화'가 도래했다. 아무리 신앙적인 동기에서 시작한 노동이었어도 한두 세기를 거치면서 하나의 거대한 문명적 제도로 발전한 자본주의적 문화 안에서 어느덧 개신교 노동 윤리는 사라지고 스포츠 경기와도 같이 서로를 경쟁 상대로 삼아 내달리는 습속만 남게 되었다. 더 이상 구원 상태를 확인하기 위해 과도한 노동 의욕을 보이는 청교도적 인간은 없다. 그러나 여전히 '주의 영광', '주의 도구'와 같은 신앙적 언어와 목표의식은 경건한 가정의 할아버지, 아버지, 아들의 대를 이어 일종의 '문화적 관성'으로 전해져 왔다. 이념형으로서의 자본가들은 성공을 거두기 위해 금욕적 자세와 합리적·이성적·효율적 방법론으로 일했었다. 직업 세계에서 냉철하게 판단하고 계산적으로 생각하고 이성적으로 고찰하고 효율적으로 운영해 가면서 영리 추구에 임했다. 그 생활 태도가 근대 자본주의 세계를 만드는 데 상당 부분 공헌을 하면서 말이다. 그러나 이 종교적 동기는 자본주의적 정신과 선택적 친화성을 가지고 함께 성장했으나 자본주의적 습속만을 남기고 사라져 버렸다. 그나마 함께 존재했던 합리적·이성적·효율적 생활 태도도 '정당한 경쟁'이 불가능한 자본주의의 후기적 상황에서는 강조되지 않고 있다.

이제 경건한 신자요 세속 사회의 직업인인 개인에게 남겨진 것은 '축복으로서의 부와 성공'이라는 개신교 전통 안의 익숙한 용어와 경제 영역에서 살아남아야 하는 '생존의 목표'뿐이다. 더구나 공적 영역과 사적 영역이 철저히 분리된 근현대 사회에서, 신앙에 있어서는 지극히 영적이고 사적이나 공적 영역에서는 현대적 가치인 '자유경쟁'을 체화시킨 사람들이고 보니, 칼뱅과 초기의 칼뱅주의자들이 가지고 있었던 경제행위에 대한 신학적·신앙적 논리는 해체된 지 오래이다. 사실 현대 문화 속에서 태어나서 그 안에서 당연시되는 문화적 전제들을 습득하고 사회화한 오늘날의 신자들은 그냥 삶의 태도로서의 직업 능력을 키우는 일에 열심이다. 이미 계산적이고 합리적이고 효율성을 추구하며 전문 능력을 통해 영리 추구의 유리한 고지를 차지하려는 자본주의적 현대 문명 속에서 태어난 사람들은 그 기원이 어디에 있고 신자로서 자신은 어떤 태도로 임해야 하나, 이런 것을 성찰하면서 소명의식을 갖게 되는 것이 아니다. 그냥 나면서부터 공부해라, 나중에 좋은 직장 가지려면 열심히 해야 한다, 이러저러한 직종이 앞으로 유망하다, 그걸 위해서는 이런 전공을 하는 게 좋다……. 이러한 요구 속에서 길러진 어린 신자들은 삶의 한 방식으로 열심히 공부하고 직업을 갖게 된다. 그러나 한편으로 교회에서는 세상(세속)에 대한 '대립적'이고 '차별적'인 태도를 배우면서 말이다. 너는 영적으로 순결해야 한다, 세상을 본받지 말라, 오직 그리스도만 바라라…… 이렇게 '상반된' 요구를 체화하면서 자라나는 현대의 신자들은 결국 자연스럽게 삶의 태도를 이분화하게 되었다. 교회 안에서는 영적이고 순수하고 신앙만을 바라고 이성적 성찰은 접고서 오직 아멘으로 임하고, 세상에 나가면 직업인으로서 영민하고 이성적이고 계산적이고 효율성을 추구하고 합리적이려 하는…… 교회에 갈 때는 '뇌'를 빼고 가고 세상에 나아갈 때는 '그리스도의 심장'을 빼고 가는 이런 이중생활이 가능하게 된 것은 현대사회의 시스템이 철저히 '칸막이화'되어 있기 때문이다.

더구나 신자들은 현대 문명의 또 하나의 새로운 도전, 즉 세계화의 시대를 살고 있다. 이제 자유경쟁은 한 도시, 한 지역, 눈에 보이는 내 친구, 동료와의 문제가 아니다. 14억 중국인, 11억 인도인이 잠재적인, 아니 상당히 실제적인 나의 라이벌이다. 이윤 극대화가 핵심적 가치인 자본주의제는 보다 싼 노동력, 보다 효과적인 생산 조건을 위해 국경과 인종을 가리지 않는다. 적자생존의 기업 논리는 이제 글로벌하게 진행 중이고 대량 실업과 대량 파산 역시 기업가나 노동자의 성실성 여하에 달려 있지 않다. 20세기 후반부터 힘을 얻은 신자유주의적 경제체제의 승리의 목소리는 성급한 학자들의 '종언' 혹은 '실패' 선언에도 불구하고 여전히 우리 삶의 현장을 좌우하는 질서이다. 신자유주의는 시장기구의 자기조절 능력에 대해 거의 신적 믿음을 가지고 있는 사상이다. 그것은 "가격은 언제나 매우 신축적으로 운동하여 수요와 공급을 일치"시키기에 공황은 절대로 발생할 수 없다는 믿음에 입각해 있는데(강상구, 『신자유주의의 역사와 진실』, 47쪽), 국가의 개입이 전제성을 낳고 시장의 동학을 위협한다는 이유로 케인즈주의를 계속 반대했던 프리드리히 하이에크Friedrich Hayek의 주장은 이 신자유주의 사상의 결정판이다. 국제화하고 있는 자본과 노동은 국가의 케인즈주의적 개입을 거추장스럽거나 비효율적으로 만들고 있다. 하이에크에 따르면 시장에서 행위하는 경제주체는 고전파 경제학에서 상정하고 있는 '이성적으로 완전한 인간'이 아니다. 경제주체로서의 개인은 시장 상황에 관한 모든 정보를 꿰뚫어 보지 못한다. 항상 합리적인 결정만을 하는 것도 아니다. 반면 시장은 자연발생적으로 만들어진 체계로서 어떤 이성적 존재가 계획하고 의도적으로 조정할 수 있는 질서가 아니다. 하이에크에게 시장은 "경제주체들이 역사 속에서 끊임없이 행위하고 시행착오를 거치는 과정에서 선택된 가장 최선의 체계"이다(강상구, 『신자유주의의 역사와 진실』, 102쪽). 그가 주장하는 시장의 절대성은 국가나 노동조합 같은 외부 존재의 개입을 허용하지 않는다. 불완전한 인간이 만든 체제가 자생적 질서인 시장을 대체할 수 없다는 논리이다. 하이에크에게 시장은 신이다. '글로벌 마켓' 앞에서 작아지는 인간은 신 앞에 '벌레만도 못한 죄인'을 고백하는 개신교 신자의 모습을 닮아 있다. 어쩌면 이 닮은꼴이 신 앞에 한없이 작아지는 경건한 개신교도들에게 '하나님'과 '신자유주의적 자본주의'를 '인간 이성이 어찌 판단할 수 없는 절대적인 존재'로 함께 받아들이는 것을 쉽게 만들었는지도 모른다.

인간 이성의 불완전성에 관한 한, 신자유주의 경제학을 주장하는 학자들과 경건한 개신교 신자들 사이에는 공감대 형성이 가능하다. 계몽사조 이후 기독교 교리와 성서에 대한 이성적 접근에 '알레르기' 반응을 보인 '근본주의적·복음주의적' 기독교 신자들의 행보를 통해 이 부분은 더욱 강화된 바 있다. 이들에게, 진화론을 받아들여 범신론적으로 신을 설명하거나 인간 이성을 신뢰하고 성서와 교리에 과학적·역사적으로 접근하는 자유주의는 불신앙이요 사탄의 활동이었다. 청교도들이 강화시킨 교리는 종교개혁 전통의 '칭의'稱義(오직 믿음으로만 의롭게 된다) 교리였기에, 자유의지나 인간 이성에 대한 불신과 거부는 복음주의적 개신교 전통에 쭉 강력하게 자리 잡고 있었다. 이제 21세기 후기 자본주의의 정점에서 인간 이성의 제한성 및 불완전성과 짝을 이루는 대상은 전지전능, 무소부재의 위력을 자랑하는 '시장'과 '신'이다. 살아 움직이는 시장과 신이 그 모든 문제를 해결할 것이다. 하이에크와 같은 경제철학을 가지고 있는 조지프 슘페터Joseph Schumpeter는 심지어 '창조적 파괴'creative destruction라는 종교적 색채 가득한 언어를 가져와 시장의 자기조절 능력을 찬양했다. 그는 자유경쟁이라는 절대 조건만 확보된다면 시장이 모든 경제문제를 해결할 수 있다고 보았으며, 지금 순간의 불황이나 경제적 부조화는 미래에 올 보다 더 큰 풍요를 위한 기초가 될 것이라고 전망했다(Schumpeter, *The Theory of Economic Development*, p.244). 이는 마치 현재의 고통과 일시적 가난은 곧 극복될 것이며 미래에 하나님이 주시는 더 큰 물질적 축복과 풍요의 디딤돌이 될 것이라고 가르치는 설교가의 목소리를 닮아 있다(이 둘 간의 친화성에 관해서는 Baik, "The Protestant Ethic Reversed" 참조).

신자유주의 경제학은 '승자들을 위한 이데올로기'이다. 시장규제를 완화하고 감세를 통해 기업의 투자 의욕을 높이고 공공 부문을 민영화하고 노동시장을 유연화하는 신자유주의 정책이 가져온 것은 천문학적 부를 성취한 소수의 재벌과 점점 더 확대되는 빈곤과 불평등이었다. 신자유주의적 질서가 지배하는 나라에서 부자들은 인류 역사상 그 어느 때보다도 부자가 되었으며, 점점 줄어드는 수입으로 하루 생계를 걱정해야 하는 실업자들과 저임금·임시직 노동자들이 '노동 유연성'의 대가를 치르게 되었다. 신자유주의 경제학은 땀 흘려 일하지 않아도 자고 나면 기하급수적인 소득을 얻게 되는 금융자본가들의 풍요와, 같은 직종 같은 경력에도 불구하고 오직 실적에 입각해서만 소수에게 임금을 몰아주는 승자 독식의 삶을 탄생시켰다. 우리나라는 1980년대 초반부터 신자유주의적 요소가 정부의 경제정책에 도입되기 시작했다. 이후 점차적으로 개방경제로의 이행 속에서 1997년을 겪었다. 2012년 대한민국을 복고풍 낭만으로 들뜨게 했던 케이블 텔레비전 드라마 「응답하라 1997」은 그 시절을 아름답게 그렸지만, 우리가 기억하는 그해는 더 이상 성실하고 근면한 노동이 정당한 대가를 가져오지 않는다는 것을 확인한 가장들과 그들의 부양가족이 가족 해체의 지경에 이르기까지 처절하게 그리고 '글로벌하게' 패배를 맛본 해였다.

사실 자본주의의 탄생 시기부터 이는 예상되는 경로였다. 굳이 맑스 경제학 이론을 들먹이지 않더라도 국가보다 시장경제의 기능이 더 우선되는 것이 현대사회의 발생 원리였으니 말이다. 자본주의의 내적 원리상 국제적 확장은 불가피했다. 원료 공급, 노동력 착취, 시장 확보의 삼박자를 제공하던 식민지화도 불가능한 21세기적 상황에서 새로운 형식의 불평등하고 위계적인 세계 질서가 구축되었다. 19세기 말 제국주의의 시대에 국가 단위로 정의할 수 있었던 제국과 식민지의 이분법은 이제 국제적 관계망 속에서 재정의되게 되었다. 자국이든 타국이든 세계 어디를 누비면서도 허접한 슬럼가나 향토색 짙은 지역을 거칠 일이 없는 상류층 인간들은 곧바로 동질화된 공항 라운지나 호텔 로비, 비슷한 분위기의 컨퍼런스룸에서 공통어인 영어로 대화하면서 초국가적인 동질 문화권을 형성한다. 반면 이런 글로벌 국제 엘리트 그룹에 속하지 못하는 '내수용 인간', 그리고 그나마도 못 되는 '루저'들은 두번째의 절차적 기회를 박탈당한 채 경쟁 트랙 밖에서 성공한 사람들을 그저 부러워할 뿐이다. "부러우면 지는 거다" 외쳐 보지만 실은 그 유행어조차 패배감에 부러워하는 많은 이들의 자조 섞인 위로 아니겠나.

이러다 보니 이제는 교회도 '금융자본주의적 해결 방식'을 내놓게 된 것이다. 소위 투자를 하듯 믿음을 가지고, 파산의 상태라도, 은행 잔고가 하나도 없어도, 이것 내고 나면 먹고살 일 아득해도 믿음의 종잣돈을 심으라고 말이다. 그러나 글로벌한 구조적 경쟁 체제에서 뭘 어찌해야 할지 모르겠는 절체절명의 신자들에게, 내일 먹을 일이 막막한 파산자들에게, 가진 것을 몽땅 털어서라도 자기네 선교단체에 후원을 하라고 권면하는 것은 '비합리'를 넘어 '불신앙'이다. '씨앗 믿음'을 정당화하는 그들의 아전인수격이고 취사선택적인 성경 해석도 문제이지만, 종교사회학적 견지에서 더 큰 문제는 그들의 '전도된' 경건 실천에 있다. 비합리적 목적을 가지고 합리적 직업 생활을 하던 경건한 개신교도들이 어쩌다 합리적 직업 세계의 번영을 위해 비합리적 행위, 즉 종잣돈과 같은 믿음에 의지하게 되었을까? 청교도들의 최초의 윤리적 동기와 행동이 완전히 뒤집힌 상황이다.

물론 이해는 간다. 합리적 직업 영역의 성공을 위해 비합리적 수단을 사용하게 된 현실 말이다. 자유경쟁이요 선택의 시대라지만, 누구나 다 할 수 있고 누구다 다 능력 많은 건 아니니 말이다. 노력해도 안 되는 사람들이 세상엔 더 많다. 아니 실은 구조적으로 불가능하다. 어떻게 모두 1등을 하고 모두 상위 10퍼센트에 들어 인센티브를 받고 제한된 인원의 정규직 직장인이 되겠는가? 아무리 내달려도 안 되는 이 무한 경쟁의 전문가 사회에서 기를 쓰고 업데이트해도 안 되는 것이 오늘날 대부분의 평범한 사람들의 삶의 조건이다. 신분제 사회라면 넌 그냥 거기까지니까 꿈도 꾸지 말고 욕심도 내지 말고 딱 그만큼만 살다 가라 할 일이겠지만, 원칙적으로 합리적 영역의 성공을 위한 길이 모두에게 열려 있다고 적어도 꿈은 꾸게 하는 이 현대 사회에서, 실패하고 좌절하는 사람들이 비합리적 신앙을 수단화해서라도 직업인일 수밖에 없는 자신들의 삶을 살아내려 한 것이겠지. 그러나 동정심과는 별도로 이들의 주장이 지닌 자기모순은 분명히 지적되어야 한다. 개신교 노동 윤리의 한 방향이 자기 논리 안에서 정당하고 경건한 신앙 실천으로 선포되었다면, 그 역易은 같은 신앙 전통 안에서 결코 정당화될 수 없기 때문이다. 깨끗한 부자가 되려는 최초의 의도가 아무리 물질적 욕망과는 관계가 없는 순수한 신앙적 동기에서 성립되었다 해도, 결과적으로 근대 자본주의적 제도와 그들의 세속적 경건 실천 사이에서 도래한 것은 '청교도 노동 윤리'의 전도이다.

4장

'경건한 알파맘', 개신교의 여성 통제와 욕망

1. 기독교 가부장제, 강하거나 혹은 부드럽거나

근대 세계와 개신교 신앙 '사이'에서 작동했던 친화성이 양산한 가치나 실천에 관심을 두면서 마지막으로 살펴볼 영역은 '여성 인식'이다. 개신교적 여성·결혼·가정 이해가 얼마나 근대적 이상과 닮아 있는지, 아니 실은 근대적 기획에 응답하며 새로운 여성관과 결혼관, 가정 윤리를 생산했는지, 이러한 개신교 윤리가 한국 기독교 여신도들의 근대 문화 경험과 정체성 형성에 어떤 영향을 끼쳤는지 등이 이장의 관심이다. 사실 담론과 제도를 통해 여성을 통제하려는 시도는 전통사회에서부터 이미 견고히 자리 잡은 '가부장'들의 욕망이었다. 5,000년이 넘는 가부장제의 역사 속에서 공동체의 존속은 가족의 유지와 긴밀히 연결되어 있었고, 재생산 능력을 가진 여성을 점유하고 통제하는 일은 고대국가 이래로 지배와 위계 체제의 확립에 필수적인 요소였다. 자기 부족 여성들을 보호하려는 남성들의 피눈물 나는 노력의 기원은 기사도나 애정과는 거리가 먼, 사회적 재생산 도구를 지켜 내기 위한 의미가 더 강했다. 너무 삭막하고 잔인한 말인가? 그래서 '페미니스트들'이 사랑받지 못하는 것이라고 조언하고픈 이도 있겠다. 하지만 가부장제가 그 존속을 위해 반드시 이루어야 했던 여성 통제는 굳이 페미니즘을 들먹이지 않아도 인류학적 관찰과 사회학적 분석이 가능한 사람이라면 인정할 수밖에 없는 역사적 '사실'이다. 신분제가 전통사회를 유지한 실제적 제도였고 이를 정당화하기 위해 인간 존재를 위계 짓는 담론이 생겼던 것을 부정할 수 없듯이 같은 의도를 가지고 성차를 위계적으로 배치한 것이 가부장제였다. 부의 증대와 사회의 존속을 위해 필요한 '도구'가 되는 여성들을 효과적으로 통제하기 위해서 남성 지배자들은 가부장제 이전의 사회에 존재했던 여신 숭배나 모계적 관행들을 폐지하고, 남성의 보조자 혹은 배우자로서의 여성의 위치를 정착시키는 사회적·종교적·문화적 이데올로기를 만들어 내어 이를 제도화시키는 일에 집중해 왔다.

1) 기독교의 전통적 여성 응시

유대교와 로마 가부장제의 토양에서 나고 자란 기독교 역시 남성 중심적 여성 통제의 욕망으로부터 자유롭지 못했다. 기독교 최초의 신학자라고 평가되는 사도바울은 기독교적 여성관에 있어 후대의 목회자들과 신학자들이 가장 의지하는 인물이요 오늘날까지도 가장 많이 인용되는 성경 본문의 저자이기도 하다. 바울은 "모든 사람의 머리는 그리스도요 아내의 머리는 남편"이며, "남자가 여자에게서 창조된 것이 아니라 여자가 남자에게서 창조된 것이기에 여자들은 남자에게 복종해야" 한다고 권고했다(「고린도전서」11:3, 11:8, 14:34). 사도바울만이 특별히 성차별적이었다는 말은 아니다. 유대교적 전통에 의지한 종교 지도자들은 매한가지였다. 예수의 십자가 아래는 빈부귀천 남녀노소의 차별이 없다고 선언했던 사도바울조차 너무나 익숙했을 유대 전통의 여성관에서 자유롭지 못했을 뿐이다. 유대 전통이 여성 비하적이라는 것은 히브리 경전 전반에서 쉽게 찾아볼 수 있다. 여성들이 성례전에 참여할 수 없는 것은 물론이고 유대교 경전인 '토라'Torah를 배울 수 없었다. 유대교의 현인들은 "여아에게 토라를 가르치느니 차라리 돼지에게 던지는 것이 낫다"라고 생각했다. 여아를 낳은 어머니의 몸은 남아를 출산한 것보다 더 오랫동안 부정하다고 보았으며, 여자와 성관계를 가진 남성들 역시 그 부정함을 얼마간 간직하게 되기 때문에 성례전에 참석하는 데 제한을 두었다. 예수 시절의 이야기를 전하는 신약의 복음서 기자들도 군중들의 수를 셀 때 여자는 아예 셈에 넣지 않는 것을 상례로 여겼다.

예루살렘의 멸망 이후 기독교의 본격적인 무대가 되었던 그리스-로마 세계의 여성관이라고 별반 다르지 않았다. 로마의 시민이었던 바울은 물론 초기 기독교 교부들에게, 그리고 중세 기독교 신자들에게까지 지대한 영향을 준 그리스-로마 세계의 여성 이해는 철저히 가부장적이었다. 여성을 '타고난 결함'이라 가르쳤던 아리스토텔레스의 여성 응시는 이들에게 절대적 권위를 가지는 해석이었다. 아리스토텔레스는 생명 발생 과정에서 모든 일이 정상적으로 진행된다면 아이는 남성으로 태어난다고 주장했다. 덜 발달한 상태, 결함이 있는 상태, 혹은 있어야 하는 과정이 생략되면 여성이 된다는 거다 (Aristotle, *History of Animals* 참조). 과학적 실험에 근거한 것도 아닌, 한 철학자의 남성적 응시에서 진행된 추론은 세대를 거쳐 계승·확산되며 정설로 굳어졌다. 정자와 난자의 존재가 과학적으로 증명되기 전까지 사람들은 생명이 배타적으로 남성으로부터 전해진다고 믿었다. '극미인'極微人이라 하여 완성태의 지극히 작은 인간이 남성의 정자 안에 이미 존재하며, 여성의 생식기관은 다만 인간의 생명을 담는 수동적인 그릇일 뿐이라고 생각했다. 그저 '그릇'이며 '빈 용기'일 뿐인 여성은 당연히 합리적인 정신을 부여받지 못한 존재라고 여겼다. 이러한 가부장적 전통에서 '여성'의 자기인식은 브라이도티Rosi Braidotti의 말마따나 "비정상, 열등, 차이의 기호"로 받아들여지는 것이 '당연'했다(콘보이 외 엮음, 『여성의 몸 어떻게 읽을 것인가?』, 84쪽).

　　여성 비하적인 유대교와 그리스-로마의 가부장적 전통은 기독교 고대 교부들의 사상 속에서 합류하여 여성성을 억압하는 '기독교 전통'을 수립하게 된다. 기독교 신학 사상계의 거목인 아우구스티누스는 여자가 "열등한 존재요 원죄를 저지르기 전에 이미 아무짝에도 쓸모없는 영원히 위험한 존재"라고 선포하였다. 물론 자신의 젊은 시절 방탕한 생활과 이후 극적인 회개 경험이 그의 유난 맞은 여성 혐오 사상을 낳게 했겠지만, 개인의 특정 경험을 일반화시킨 결과가 교회사 전반에 돌이킬 수 없는 결과를 가져온 셈이다. 아우구스티누스는 후배 성직자들에게 여성을 '어머니'라는 한정된 역할만으로 격리해야 한다고 가르쳤다. 기독교인들에게는 필독서로 자리 잡은 『고백록』을 비롯하여 수많은 저작에서 그는 여성에 대해 부정적인 담론을 피력했다. 여자는 "남자를 높은 정신의 세계로부터 빗나가게" 만드는 존재요, "자식을 낳는 일 말고 무엇 때문에 여자가 만들어졌는지 도무지 모를" 만큼 쓸모가 없는 피조물이라고 말이다. 무엇보다 하나님께서 여자를 남편에게 복종하도록 창조하셨기 때문에 아내는 남편의 종이라고 선포하였다. 다른 고대 교부들이라고 다르지 않았다. 신앙의 이름으로 여성에게 저주를 퍼부은 교부 중 최고봉은 필시 테르툴리아누스이지 싶다. 그는 선악과를 따먹은 인류 최초의 범죄가 여자로부터 말미암았음을 지적하면서 "신성한 계율을 최초로 변절한 자, 악마가 공격하지 못한 남자를 설득한" 하와의 자손인 모든 여자들을 향해 외쳤다. "살아라, 그리고 비난받아라!" 기독교 신학계의 거장 토마스 아퀴나스도 여성의 영혼이 남성보다 낮고 불완전하다고 보았다. 여자는 사고의 주체가 아니라 몸이라고 이해했으며, 때문에 욕망·식욕·굶주림·갈증·사랑·증오 등 육체에서 기원한 구속에서 벗어나는 일에 있어 남자보다 열등하다고 풀이했다(베슈텔, 『신의 네 여자』, 63~75쪽 참조).

18세기에 이르도록 기독교적 유럽에서 여자와 사랑에 빠진다는 것은 남성의 고매한 인격이나 신앙에 지대한 악영향을 주는 이른바 '불행'을 의미했다. 여성에게 모성을 제외하고 그 어떤 긍정적 역할이나 의미를 부여하지 않은 가부장적 기독교 담론에서 볼 때 이는 놀랄 일도 아니다. 종교심 깊은 유럽의 남성들에게 있어 '사랑에 빠진다'는 것은 '이성을 잃는다'는 의미였고, '쾌락의 포로가 되어 재산을 탕진하고 정부情婦에게 집착하게 되는 것'을 뜻했다. 교회는 "아내는 그런 식으로 사랑하면 안 된다"라고 가르쳤다. 아이를 갖고자 하는 의지가 사랑보다 더 클 때 기독교적 결혼이 성립하는 것이며, 사랑 때문에 결혼하는 것은 사악한 일이라고 말이다. "존경하는 형제들이여! 사고력 없는 동물들도 합당한 적정 시기에만 교미를 하는데, 하물며 신의 형상으로 만들어진 인간이 그 시기를 보다 더 잘 준수하는 것은 당연하지 않겠는가!" "무엇보다 일요일이나 종교축일이 임박한 시기에는 여자와 정을 통해서는 안 된다." 6세기 아를의 세제르 주교가 당부한 이 말들은 20세기가 와서도 달라지지 않았다. 1941년 가톨릭 교황의 성명을 보면 여전히 가장의 권위는 하나님이 부여하신 것이므로 아내는 남편에게 복종해야 한다고 가르친다. "아내들은 자신이 모든 점에서 남편과 동등하거나 더 나아가 우월하다고 하는 거짓 목소리에 귀 기울이지 말아야 한다. 아내의 종속은 하나님이 원하셨던 것이다"(베슈텔, 『신의 네 여자』, 101, 120, 123쪽 참조).

고대와 중세까지 기독교 가부장들은 섹슈얼리티가 신앙과 정반대에 있는 욕망이라고 가르쳤다. 적어도 처음 얼마 동안 교인들은 부활·승천한 예수의 임박한 재림을 기대하는 '마라나타'Maranatha 신앙을 공유하고 있었기 때문에 결혼이나 가정과 같은 제도적 유지의 필요성을 느끼지 않고 있었다. 게다가 당시 로마에서 전개되었던 밀의密儀 종교들의 성적 타락을 경멸했던 그들이었다. 또한 이원론적 세계관에서 영적 상태를 보다 신성시하는 영지주의나 마니교 등과 조우하는 과정에서 기독교 교회는 점차 정결을 지키는 '순결한 그리스도의 신부' 전통을 발전시켰다. 사도바울의 동역자로 전해지는 테클라를 비롯하여, 성 고문을 포함한 잔혹한 박해에도 순결을 지켰다고 성녀로 칭송되는 블란디나, 펠라기아, 아가타 등은 순교를 통해 예수 그리스도와 거룩한 혼인식을 치른 여인들로 숭상받았다.

하지만 313년의 밀라노칙령과 392년의 국교령으로 기독교가 로마의 제도 종교가 된 이후에 교회는 어쩔 수 없이 소극적인 의미로라도 결혼을 인정해야만 했다. 예수의 재림이 지연되고 있는 마당이었고 국가 종교로서 사회제도의 기본인 가족과 재생산 기능을 거부할 수는 없는 일이었으니까. 결국 독신은 특별히 경건한 종교심을 가진 영적 엘리트들의 거룩한 선택으로 남겨졌고, 대부분의 평범한 신자들을 향해서는 극단적인 결혼 거부와 순결 선언 대신 하나님의 나라가 도래하기까지는 사회적 의무로서의 결혼을 하라고 권고하게 된다. 다만 출산을 위한 경우를 제외하고는 배우자와의 잠자리를 될 수 있으면 피함으로써 거룩함과 순결함을 지키는 것이 고매한 신앙의 척도라는 가르침을 잊지 않았다. 아무리 재생산을 위한 것이라 해도 성욕은 경건한 신앙인에게는 경계 대상이었기 때문이다. 중세까지 이어져 온 성에 대한 끔찍한 혐오는 성적 순결함을 지키는 정도를 넘어, 신자들이 자신의 몸을 극단적으로 부정하고 거부하는 전통을 만들었다. 물론 배타적으로 여성 신자들만이 이런 해석과 실천을 내면화한 것은 아니었으나, 전통적으로 '육체성'의 동의어로 여겨졌던 여성의 경우 몸의 학대나 극단적인 육욕의 절제를 신앙적 경건 행위, 더 나아가 구속 행위로 이해하는 사례가 빈번했다. 음식을 거부하고 성적 쾌락을 금하면서 사막과 산지에서 홀로 살아간 수도자적 여성 신자들의 최후를 기록한 문서들은 언제나 성별을 구별할 수 없을 정도로 학대되고 극소화된 그녀들의 몸을 찬양하곤 했다.

중세까지의 기독교 '주류' 전통에서 독신과 모든 육체적 욕망의 철회는 경건한 그리스도인에게 권장되는 덕목이었다. 기독교 전통 안에는 '신앙심이 있고 고매한 남자=여성을 멀리하는 사람', '정숙한 여인=성을 멀리하는 여인'이라는 등식이 강하게 자리 잡고 있었다. 오랫동안 여성 창조의 유일한 목적은 결혼을 통한 재생산 기능으로 이해되어 왔고(최소한의 '필요'였으므로), 부부간에도 성행위는 오직 자녀 생산을 위해서 행해질 때에만 용서받을 수 있는 일이었다. 결혼 내의 성관계라 할지라도 욕정에 사로잡혀 행하면 이는 '악'이요 '불신앙'으로 간주되었다. 중세 교회가 비록 결혼을 성례전으로 여기면서 기독교 가정 존속과 계승에 보다 거룩한 의미를 부여하긴 하였지만, 이는 독신의 수도자적 신앙 생활보다는 열등한 존재 방식으로 여겨졌다. 몇몇 예외를 제외하면 압도적 다수의 교회 지도자들은 성적 욕망을, '에덴동산'에는 없던 타락의 증거라고 가르쳤다.

2) 청교도의 여성관은 혁명적인가

여성을 온전한 인격으로, 개인으로, 남성과 동등한 이성과 신앙심의 소유자로 선포하고 존중한 것은 2,000년 기독교 역사를 놓고 볼 때 비교적 최근의 사건이었다. 기독교 전통에서 이러한 '혁명적' 전환을 이룬 집단은 청교도들을 포함한 개신교도들이었다. 개신교적 여성 이해는 분명 이전의 전통적인 기독교 여성관에 비해 획기적으로 달랐다. 무엇보다 이전까지의 여성 혐오적인 전통에 비할 때 이들의 긍정적인 해석은 놀라울 따름이다. 16세기 종교개혁과 더불어, 성직자들의 결혼 논의가 진행되면서 종교개혁 지지자들은 결혼이 전혀 이차적이거나 열등한 형태의 제도가 아닌, 하나님이 창조하신 가장 선한, 그래서 독신보다도 더욱 본래적인 창조 질서임을 강조하였다. 「수녀에서 아내로」라는 논문을 쓰기도 한 루터는 인간의 섹슈얼리티를 선하고 신적인 기원을 갖는 것으로 찬양했으며, 결혼은 하나님의 거룩한 지상 명령이라고 주장했다. 다만 그 기능적 역할에 있어서 루터는 여전히 '결혼은 재생산을 위한 결합'으로만 이해하고 있었다는 점에서 그의 개신교 후배들보다 조금 더 중세적 이해에 가까웠다. "생육하고 번성하라"(「창세기」1:28)라는 성경 구절을 지상명령으로 믿은 루터는 만약 남자가 불임일 경우 그 남편은 아내가 하나님으로부터 부여받은 성스러운 지상명령을 수행하도록 다른 남자와의 결합을 인정해야 한다는 논리까지 발전시켰다. 루터가 설명한 아내의 또 다른 기능은 유혹으로부터의 예방책이다. 세상이 악하고 유혹이 많으니 남녀이 정욕을 그릇되게 다스리는 죄를 짓지 아니하도록 아내는 성적 헌신으로 그에게 예방책이 되어야 한다는 것이다. 이러한 주장은 경건한 기독교인 아내가 남편의 성적 요구에 언제나 응해야 할 종교적 정당성을 부여했다. 루터가 보기에 수도자적 삶을 통해 하나님께 영광을 돌리는 것은 사도바울과 같이 극히 제한된 사람들에게만 적용 가능한 것이요, 대부분의 사람들에게 있어 성실한 남편과 아내로 살아가는 것이 하나님께서 더 기뻐하시는 삶의 선택이라 여겼다. 그레고리우스 7세 이후 교회법으로 금지된 사제들의 결혼에 대해서도 신랄하게 비판하는 루터는, 교황이 결혼의 선악을 규정하는 것이 아님을 분명히 하였다. 사도바울의 서신들(「디모데전서」 3:2, 「디도서」 1:6)을 인용하며 루터는 '사제는 아내와 자녀들을 둔 모범적 가장'이어야 한다고 주장했다(Luther, "The Estate of Marriage", pp.134~143).

루터뿐만이 아니라 대부분의 개신교 설교자들은 성직자와 평신도 모두 하나님의 영광을 위하여 결혼해야 함을 강하게 주장했다. 최초의 청교도 신학자로 일컬어지는 윌리엄 틴데일도 루터와 같은 성경 본문을 인용하며 바울이 목회자들의 결혼을 적극 지지했다고 강조했다. 「창세기」 재해석을 통해 틴데일은 고귀한 결혼을 음탕함이나 타락으로 보는 가톨릭적 입장이 오히려 마귀요 사탄이라고 비판했다. '결혼은 독신 상태보다 더 우수한, 더 권장할 만한 상태'라는 입장 변화인 셈이다. 청교도 목회자들은 결혼과 성을 창조적 선으로 보았으며 기독교인의 경건과 직접적으로 연결되는 종교적 실천이라고 해석한다. 토머스 비콘Thomas Becon은 『결혼백서』에서 결혼을 이렇게 정의했다.

혼인은 지극히 거룩하고, 사람이 아닌 하나님께서 친히 제정하신 복된 삶의 질서이다. …… 한 남자와 한 여자가 한몸, 한육체로 짝짓고 서로 얽힘으로 이 질서 안으로 들어간다. 이때 이들을 묶는 것은 자유스럽고 사랑스러우며, 진심에서 우러나온 선의의 합의이다. 이들은 서로 한육체, 한몸, 한뜻, 한마음으로 살겠다는 의지를 품는다. 이들의 마음에는 정직, 미덕, 그리고 경건이 넘쳐 난다. 결국 이들은 감사하게도 하나님께서 그들에게 보내신 모든 좋은 것들에 공평하게 참예하는 삶으로 일관한다. (라이큰, 『청교도』, 119쪽에서 재인용)

결혼을 창조적 선, 경건 실천의 행위로 보는 개신교적 입장은 부부 관계를 해석하는 방식에도 큰 영향을 끼쳤다. 청교도들이 바람직하게 생각한 결혼은 배우자 사이에 에로틱한 사랑을 인정하면서도, 일생을 동반자적 사랑으로 유지할 수 있는 파트너를 만나는 것이었다. 가톨릭과 크게 달라지는 부분은 '성'을 하나님이 주신 아름다운 선물로 이해하는 것이다. 저 유명한 고대 교회의 교부 오리게네스가 임직을 받기 전 경건을 위해 스스로 거세를 하였다는 전승을 기억하는 사람이라면, 청교도들이 성을 '결혼에서 빼놓을 수 없는 가장 본질적인 행위'로서 "부부가 선의와 기쁨으로, 자발적이며 기꺼이, 그리고 즐겁게 몰입해야 할" 행위라고 이해했다는 것은 분명 혁명적 사고임을 인정할 것이다. 심지어 뉴잉글랜드의 한 교회는 2년 동안 아내와 관계를 하지 않았던 남편을 경건한 성도의 자세가 아니라 여겨 출교 조치하기도 했다. 청교도들이 생각하는 이상적인 결혼은 완전한 나눔이었기에, 목회자들은 성에 있어서도, 신앙에 있어서도, 영적 관계성에 있어서도, 재물의 소유와 집행에 있어서도, 서로를 존중하며 공동으로 나누는 그런 관계를 지향하라고 설교했다. 청교도들은 아내를 "필요선"(존 코튼)이요, "돕는 배필"(로버트 클리버)이요, "당신의 영혼에 힘을 주는 조력자"요(리처드 백스터), "하나님의 선물"(헨리 스미스)이라고 치켜세웠다. 때문에 "여자를 필요악이라고 부르거나, 방해물이라 비하하거나 모욕하는 사람은 성령을 거스르는 악인"이라 질책했다. 무엇보다 부부간의 성적 욕망은 하나님이 창조하신 거룩한 질서 안으로 편입되어 너무나 자연스럽고 '거룩하기까지 한' 욕망으로 승화되었다(라이큰, 『청교도』, 99~129쪽 참조).

청교도 목회자들은 결혼과 가정에 대한 신앙적 묵상을 부끄러워하지 않았다. 아니 오히려 신적 소명을 가지고 이에 몰두했다. "남편들아 아내 사랑하기를 그리스도께서 교회를 사랑하시고 그 교회를 위하여 자신을 주심같이 하라"라는 「에베소서」 5장 25절은 청교도 설교자들이 가장 애용한 성경 구절이었다. 매슈 헨리Matthew Henry의 「창세기」 2장 22절 주석은 이들이 가진 여성관을 가장 요약적으로 보여 준다.

여자는 아담의 옆구리에서 나온 갈비뼈로 만들었다. 아담 위에 올라가도록 그의 머리에서 만들지 않았고, 아담의 발에 밟히도록 그의 발에서 만들지도 않았다. 여자는 아담과 동등하도록 그의 옆구리에서 만들었다. 그래서 아담의 팔 아래에서 보호를 받고 그의 가슴 가까이

에서 그의 사랑을 받게 하였다. (헐스, 『청교도들은 누구인가』, 199쪽)

물론 놀라운 전환이다. '타고난 결함'이나 '부정해야 할 육체'가 아닌, 동등한 파트너요 동반자로서의 여성 이해가 도래했으니 드디어 남성 신학자들이 철이 났구나 하고 기뻐할 일일지도 모른다. 그러나 이 지점에서 내가 묻고 싶은 것은 왜 하필 16세기에 와서야 기독교 전통 안에서 결혼과 가정을 신성한 질서로 선포하고, 여성을 영적 파트너요 인생의 필수 동반자로 칭송하게 되었는가 하는 점이다. 만약 그것이 '성서적'이기 때문이라면, 개신교도 이전의 기독교인들은 모두 비성서적이어서 그리했을까? 같은 경전을 가지고 어떻게 독신의 경건성과 신앙적 우위성을 주장하기도 하고, 하나님이 결혼과 가정을 창조 질서 안에서 축복하셨음을 입증하는 증거로 제시하기도 하게 된 것일까? 우리가 지금까지 보아 왔듯이 그 모든 담론이 진공상태에서 탄생하지 않았음을 기억한다면 답은 의외로 쉽게 찾아질 수 있다. 개신교 노동 윤리가 근대 세계의 형성기에 힘을 얻었던 부르주아 계층과 더불어 상호작용하는 가운데 탄생했던 것처럼, 개신교의 가정 윤리 또한 자본주의적 사회구조가 형성되어 가면서 기획된 근대적 형태의 가정과 결혼을 지지하는 가운데 강화되었기 때문이다. 특히나 앞서 청교도 전통의 형성 과정을 언급하면서, 영국에서 청교도 전통이 국교회의 탄압을 받아 공적 활동에 제지를 받게 되었을 때, 가정을 교회 삼아 가장을 목회자 삼아 경건 운동을 일으켰다는 것을 지적한 바 있었다. 근대 세계가 발생하던 유럽과 미국에서 근대적 형태의 핵가족과 경건한 청교도적 가정이 별도로 형성되지 않았다는 것이 이해의 핵심이다. 더 이상 생산노동에 참여하지 않아도 되지만, 가정의 수호자로서 출산과 육아, 가사를 전담하는 여성의 역할을 강조할 필요성은 개신교도들이 살아간 근대적 환경에서 주어진 조건과 기대를 반영한다. 가부장제적 여성 통제의 욕망은 사라지거나 해체된 것이 아니었다. 다만 부드러운 언어로 옷을 갈아입었을 뿐.

2. 여성의 낭만화, 여성 통제의 근대적 기획

소위 '전근대'로 분류되는 전통사회의 가부장적 여성 이해와 비교할 때, '근대' 여성은 분명 유리한 시절을 맞이했다. 근대적 시각에서 여성은 더 이상 '쓰레기통', '정액자루', '암말', '원숭이'로 불리지 않았다(이 단어들은 모두 중세까지의 교회 지도자들이 여성을 지칭할 때 쓴 단어들이다). 여성은 남성과 마찬가지로 이성과 지성을 가진 평등한 '인간'으로 간주되었다. 여전히 여성의 육체적 약함으로 인해 '보호받아야 할 성'으로 간주되었으나 그것은 열등의 기표라기보다는 사랑스러움의 기표로 인식되었다. 남자들이 집단 회개라도 한 것일까? 합리적 이성의 승리라는 근대화의 인식론이 남자들의 집단지성을 놀랍게 높여 버렸던 것일까? 실은 이러한 여성 이해의 변화를 살펴보기 위한 핵심 키워드는 '필요'이지 싶다. 적어도 그것이 인간의 문화적 전제에 관한 것이라면 '원래'는 없다. 어떤 문명도 늘 필요해서 담론을 형성하고 제도를 만드는 법이다. 근대 세계의 재편 과정에서 새롭게 훈련된 여성이 필요했다. 단순히 '재생산' 기능만을 수행하는 여성, 혹은 생산노동에만 참여하는 여성은 필요가 없거나 효용성이 떨어지는 사회가 도래한 것이다.

1) 이상적 근대 여성 만들기

근대 세계에서 여성 인식 변화에 가장 큰 영향을 미친 외부적 삶의 변화는 산업화 이후의 분업화된 환경이다. 근대 초기 기계제 대량생산은 가정의 두 성인 구성원이 모두 생산노동에 참여하지 않아도 먹고살 수 있는 생산력의 증대를 가져왔다. 이는 소위 '중산층'의 수를 급격하게 증가시켰다. 아울러 행정기관, 공장, 산업시설 등 생산과 관계된 공적 기관들이 도시나 특정 지역에 집중하면서 결과적으로 사적인 가정 영역과 분리되었다. 전통사회에서처럼 노동과 육아를 병행할 수 있도록 배치된 삶의 공간이 아니었다. 어쩔 수 없이 가정 안에서의 역할 수행도 분업화되었다. 전통사회로부터 출산과 육아에 연결되어 있는 여성이 자연스레 집안에서의 일을 전담하는 선택을 하게 되었다. 근대사회 기획의 초기 단계에서 많은 중간층 여성들은 이러한 분업을 삶의 조건이 향상된 것으로 인지했을 것이다. 더 이상 생산노동에 참여하지 않아도 되는, 말 그대로 '집에서 놀고먹어도' 남편이 벌어다 주는 조건이 주어졌으니 말이다. 중세를 막 지나온, 귀족 신분이 아닌 평범한 여성들에게 이러한 삶의 조건은 그야말로

'나서 처음'일 일이다. 남편이 밖에서 생산노동에 열중할 수 있도록, 이제 아내는 집 안을 지키면서 아이를 양육하는 일을 '전업'으로 하게 되었다. 인류 최초로 '전업주부'가 탄생하는 순간이었다. 가산제가 무너진 마당에 가정은 과거의 것을 대물리는 절대 수단도 아니었다. 신분제가 무너졌으니 이제 경쟁은 개인화·개별화되었고, 그 어느 때보다 경쟁력 있는 개인의 양육이 중요해졌다. 근대 민족국가의 성립과 더불어 '국민'의 자질을 충분히 습득한 사회 구성원도 절실히 필요해졌다. 한마디로 이제 여성은 '똥자루'나 '정액자루', '타고난 결함'이어서는 곤란한 사회가 도래한 것이다.

결국 근대적 기획에 포함된 여성 이해는 필요에 의한 여성성의 '낭만화'와 '현실적 기능화'가 결합된 결과물이었다. 신분제적 전제에 의문을 제기하였던 수많은 근대 계몽사상가들조차 여성성을 본래적이고 자연적인 것으로 주장했다는 사실이 드러내는 것은 그들이 남성으로서 갖는 인식론적 한계만이 아니다. 실은 그들이 기획한 근대사회에는 '그런' 여성이 필요했다. 사회 계몽사상가들 중에서는 가장 정확하게 서민층의 현실을 파악하고 있었다고 평가되는 루소조차도 근대적 기획에 맞춰 여성성을 '낭만화'시켰다. 『에밀』에서 루소는, 여성은 여성다움을 유지함으로써 남성에 대한 지배력을 획득한다며 어머니들을 설득한다.

사려와 분별이 있는 어머니들이여, 나를 믿으라. 여러분의 딸을 절대로 훌륭한 남성으로 만들지 말라. 그것은 자연을 부정하려고 하는 것과 같다. 그녀를 훌륭한 여성으로 만들라. 그러면 그녀는 그녀를 위해서나 우리 남성들을 위해서나 보다 더 가치 있는 사람이 될 것이 확실하다. …… 여성의 교육은 모두 남성에게 관련되어야 한다. 남성들의 마음에 들도록 하는 것, 남성들에게 쓸모 있게 되는 것, 남성들로부터 사랑과 존경을 받는 것, 남성들이 어렸을 적에는 그들을 기르고 성장해서는 그들의 시중을 들어 주고 의논 상대가 되어 주며, 또 남성들의 마음을 달래 주고 남성들의 생활을 즐겁고 감미롭게 하는 것, 이것이 모든 시기에 있어서 여성들의 의무이며, 어렸을 때부터 그녀들에게 가르쳐야 할 일이다. (루소, 『에밀』, 203~205쪽)

근대 세계의 기획 속에서 여성은 언제나 본질적인 여성성을 소유한 사랑스런 존재로 남아 있어야 했다. 근대 세계의 구성에서 집 밖과 집 안에서의 노동은 모순적인 방향에 따라 조직되었기 때문이다. 시장의 논리와 관료제가 임금제 노동을 통해 돌아가는 동안, 누군가는 집 안에서 무보수 노동을 '당연하게' '성실하게' 그리고 '사랑스럽게' 담당해야만 했다. 개인화되고 개별화된 이익을 추구하는 공적 세계의 관계성만으로는 근대사회가 유지될 수 없기에 공동의 이익을 추구하는 가족과 결혼은 아름답게 낭만적으로 그려져야 했다. 보다 나은 직업 기회와 경쟁력 있는 경력을 위해 근대적 개인(주로 성인 남성)은 자유롭게 이동성을 보장받아야 하는 반면, 파트너는 아내와 엄마라는 이름으로 그를 따라 함께 이동하거나 가정 내에서 그의 부재를 감당하는 역할을 수행해야 했다. 결국 근대는 "두 개의 시대, 즉 현대성과 반현대성, 시장의 효율성과 가족의 지원이라는 정반대 방향과 가치 체계에 근거해 조직된 서로 다른 두 개의 시대가 서로 보충하고, 조건을 규정하고 모순을 일으키며 서로 결합하고 있는 셈"이다. 이러한 이유에서 울리히 벡Ulrich Beck은 근대 산업사회를 "봉건제의 현대적 형태"라고 불렀다(벡·벡-게른샤임, 『사랑은 지독한 그러나 너무나 정상적인 혼란』, 63쪽). 한마디로 근대 세계의 기획자들은 여성을 온전히 해방시키려 의도한 적이 없었다. 다만 여성을 그 어느 때보다도 역할이 증대된 가정의 수호자로 재배치·재교육시키려 했을 뿐이다.

2) 아내와 엄마, 여전한 봉건적 역할

결국 부르주아 가정에서 여성의 주요한 역할은 감정노동을 포함하는 비임금 육아·가사 노동이다. 치열한 자유경쟁의 세계에서 업적과 성적으로 평가받는 냉혹한 달리기를 하고 집으로 돌아온 가족 구성원은 모든 것이 무장해제되고 사랑이 가득한, 거기 더하여 편안하고 안락하며 편의가 무상으로 제공되는 '스위트홈'을 필요로 했다. 베버적 논지로 말한다면, 종교개혁의 가르침이 개신교도 개인을 내적 고립으로 밀어넣음으로써 시작된 근대적 개인화는 결과적으로 현대사회에서의 내적 고향의 상실을 가져왔고, 이 험난한 세상에 홀로 남겨진 존재라는 의식은 낭만적 사랑의 절실함을 가져왔다고 볼 수 있겠다. 이제 낭만적 부부애, 그리고 강한 연대감을 느끼는 최후의 보루인 가족은 근현대인들에게는 필수적이요, 성취하기를 욕망하는 삶의 조건이 되었다. 평생을 함께할 만큼 사랑스럽고 그 어느 누구와도 대체 불가능한 운명의 상대인 '너'를 찾아 둘의 낭만적 사랑을 배타적인 법적 관계로 묶는 결혼 방식(일부일처제)은 실은 근대에 와서야 보편화된 우리 삶의 가치요 실천이다. 결국 결혼과 더불어 여성에게 삶의 선택으로 주어진 '전업주부'는 근현대적 기획인 셈이다. 공적 영역에서의 합리화와 경쟁이 치열해지면 질수록 따뜻한 가정과 보살피는 모성에 대한 그리움 역시 커져만 가는 근현대 사회에서, 합리성의 논리가, 근대적 시간성이, 신자유주의적 경쟁의 긴장이 모두 멈춘 공간! 그 공간에 대한 그리움이 더욱더 커져 가는 이 시대는 그 어느 때보다도 '가정의 천사'인 아내·엄마를 필요로 하게 되었다. 19세기 미국의 도시 근교 지역에서, 그리고 20세기 중반 한국의 도시 공간에서 다수의 중산층 가정이 누렸던 '스위트홈'의 풍경은 근대적 기획이 일차적으로 자리 잡은 결과물이었다.

그러나 근대 세계가 후기적 형태를 맞이한 오늘날 우리가 직면하는 '스위트홈'의 붕괴 원인은 바로 이 근대적 논리 자체에서 발생했다. 사적 공간으로서의 가정과 그 안에서 비임금 육아·가사 노동을 수행하는 전업주부는 결국 경쟁력 있는 시장 주체를 생산하고 유지하고 재충전하는 '보조적' 역할일 뿐이다. 비록 사랑 가득한 언어로 칭송받고 격려되지만, 그 보조적 역할은 근대적 평가 척도로는 전혀 읽히지 않는 노동이다. 성적, 실적, 직업경력과 같은 공적 평가의 기록들이 근대의 공적 세계에서 개인의 경제적·사회적 안정성을 보장하는 반면, 아내와 엄마의 노동은 공적 평가 시스템에서는 '제로'(빵점)로 읽힌다. 그녀의 노동은 오직 가족 구성원들에게만, 그들이 감사해하는 동안만, 그리고 남편과 아내의 노동분업이 신뢰를 기반으로 원활하게 상호 교환되는 동안만 평가받는 '사적' 노동이다. 때문에 근대 세계 초기의 여성들이 전통적 여성관에서 습득한 문화적 관성을 가진 채 봉건적 구조의 현대적 형태인 '전업주부'를 선택하는 것에 큰 장애를 느끼지 않았던 것에 비해, 오늘날 공적 업적과 시장에서의 연봉 서열이 삶의 안정과 지위를 보장하는 21세기적 조건 안에서 태어나 성 구별이 없는 근대교육을 받고 자란 신세대 여성들은 '전업주부' 혹은 '결혼한 전문가'가 되는 것이 시장 경쟁력에 있어 불리한 선택이라는 것을 알아차렸다. 현대의 시장경제가 요구하는 주체는 "어떤 관계나 결혼이나 가족에 의해 '방해받지 않는', 궁극적으로 홀로 살아가는 개인"이다(벡, 『위험사회』, 194쪽). 전대미문의 고립감은 경건한 개신교도 개인에게만 주어진 삶의 몫이 아니다. 근대의 공적 세계에서 경쟁력 있는 개인도 실은 철저히 혼자여야 경쟁력이 확보된다.

공적 노동과 사적 노동을 이원화시키고 이를 성 역할 고정관념 속에서 배치하는 제도적 실천과 관행이 지속되는 한, 남자들과 동일한 공교육을 받은 여성들은 결국 결혼과 출산이라는 선택지를 놓고 양자택일을 할 수밖에 없다. '근현대인'으로 길러진 여성이 일과 사랑을 동시에 쟁취하기에는 구조적으로도 제도적으로도 불리하기 때문이다. 근대적 제도인 자본주의제와 행정 관료제가 보편적 삶의 조건이 된 오늘날, 가정과 시장의 모순은 더 이상 은폐될 수 없다. 결국 근대 세계의 여성들이 할 수 있는 양자택일이란, 성과에 따라 늘어가는 연봉에 만족하며 직장 일에 지장을 주지 않는 선에서 자유연애를 즐기고 정 외로우면 그다지 많은 헌신을 요구하지 않는 개나 고양이와 정서적 유대를 갖는 '골드미스'가 되거나, 아니면 24시간 서비스되는 드라마 채널에서 일과 사랑을 '모두' 쟁취하는 비현실적인 여주인공들에게 '닥빙'(닥치고 빙의!)하여 자신을 위로하면서 현실에서는 '전업'으로 주부의 삶을 사는 선택이 있을 뿐이다. 양쪽 다 해보겠다고 양다리를 걸친 나 같은 부류는 이도 저도 제대로 못하는 까닭에 몸과 정신은 현대의 어느 여성보다 분주하건만 자아존중감이나 성취감은 바닥을 칠 일이다.

물론 대량 실업과 고용 불안정의 21세기적 상황에서는 '전업으로 주부인 것'만 해도 축복받은 삶의 조건이다. 그러나 결혼 전까지 학교나 직장에서 업적을 내고 평가받기에 익숙했던 21세기 '전업주부'들은 관료제적 문화 관성을 버리지 못한 채 급작스럽게 전근대적 평가 공간으로 진입한 까닭에 어느덧 가정을 업적과 평가의 공간으로 만들어 버리고 말았다. 21세기 가정은 더 이상 낭만적이지'만'은 않다. '엄마'의 동의어로 '사랑과 희생'을 꼽기 어색할 지경이다. 공간은 여전히 이원화되어 있으되 공적 사회의 가치와 운영체계가 사적 가정 안으로 들어왔다. 전업주부인 그녀들의 업적을 평가하는 유일한 결과물은 '공적 가치를 인정받을 수 있도록 길러 낸 아이들'뿐이다. 아이들이 '나의 유일한 업적물'이라는 현실 인식은 결국 21세기 전업주부들로 하여금 아이를 자신의 '아바타'인 양 조정하며 '동종업계'에 종사하는 사람들(전문가로서의 엄마들)과 치열하게 경쟁하게 만든다. 속된 말로 '남편 속옷 색깔은 알려 줘도, 족집게 학원 선생님 휴대전화 번호는 무덤까지 가져가면서' 말이다.

사실 현대의 엄마들만큼 육아에 몰두하게 된 삶의 조건에 놓이고 그에 비례하는 육아 스트레스를 받는 집단도 인류 문명사에 일찍이 없었다. 따지고 보면 전통사회에서는 귀족층 여성이나 생산계층 여성 모두 24시간 전업으로 육아를 책임지는 상황이 아니었다. '전업으로 엄마이기'가 기대되었던 여성들은 근대 세계 이전에는 없었다는 말이다. 엄마가 난을 치거나 사교 모임에 나가 춤을 추는 동안 유모 젖을 먹고 자라는 귀족층 아이, 엄마가 생산노동을 하는 동안 엄마 곁에서 혹은 익숙한 얼굴들이 가득한 촌락에서 뛰어놀면서 '그냥' 자라던 마을 공동체의 아이는 신분제가 붕괴하고 생산 영역이 가정과 분리된 근대 도시 환경에서는 더 이상 존재하지 않는다. 익명성의 도시 공간에서 생산 영역과 가정이 공간적으로 분리된 마당에 남편이 직장에 돈 벌러 나간 사이에 아이들을 지켜야 했던 근대 엄마들! '전업'으로 모성을 실천하기 기대받은 최초의 대규모 집단인 이들은 모성 실천에 전문성을 더하여 '전문가로서의 엄마'로 거듭났다. 시장에서 경쟁력을 가지는 개인을 길러 내기 위해 그녀들은 첩보전을 방불케 하는 정보 전쟁을 수행 중이다. 내 아이를 상위 10퍼센트, 가능하다면 3퍼센트의 '엄친아'로 길러 내려는 욕망을 채우기 위해 '전문 엄마'들은 전문 육아지식과 남편(혹은 시아버지)의 재력에, 필요하다면 현대 과학의 도움까지 받으려 필사적이다. 학원, 특기교육은 물론 '내 아들을 187센티미터, 내 딸을 168센티미터'로 키우겠다고 각종 클리닉 프로그램에 성장호르몬까지 맞게 하는 '기획된 모성'이 오늘날 우리가 접하는 전문 엄마들의 현주소이다.[*]

출산율이 점점 줄어들고 있는 것은 결코 요새 젊은이들이 이기적이어서가 아니다. 그녀가 전문 엄마라면 혼신의 힘을 다하여 글로벌 경쟁력을 가질 만큼 키우기 위해 투자하고 관리할 수 있는 아이의 수는 하나이다. 그리 뛰어난 알파맘이 아닐지라도, 한 사람의 수입으로 안정적인 가정생활이 힘든 요즘의 경제 상황은 다수의 중산층 엄마들로 하여금 책임질 수 있을 만큼의 아이(들)를 낳는 선택으로 이끈다. 어찌 보면 '낳지 않는 선택'조차 자신이 가질 수도 있었을 아이

---

[*] 근대 초기 전업주부 여성들에게 부과한 '전문 영역'이 주로 가사와 육아였는데, 발전된 가사 기기들이 가사노동 방식을 바꾸었을 뿐만 아니라 그 시간도 단축시켜 버렸다. 게다가 21세기 무한 경쟁, 유연한 노동 구조의 신자유주의적 직업 환경은 아빠들로 하여금 집으로 퇴근하는 것을 실질적으로 불가능하게 만들었다. 대체되지 않으려면, 정리해고를 당하지 않으려면 아빠들은 끊임없이 자신의 공적 능력을 입증하고 업데이트해야 한다. 몇 해 전 인터넷을 뜨겁게 달군 초등학교 어린이의 슬프고도 현실적인 시 「아빠는 왜?」는 이렇게 탄생했다. "엄마가 있어서 좋다 / 나를 예뻐해 주어서 / 냉장고가 있어서 좋다 / 나에게 먹을 것을 주어서 / 강아지가 있어서 좋다 / 나랑 놀아 주어서 / 아빠는…… / 왜 있는지 모르겠다." 아빠의 빈자리는 결국 '육아 전문가'로서의 엄마들이 전업으로 채우게 되었다. 생산력의 증대와 공적·사적 공간의 근대적 편성이 인류 역사상 24시간 전업으로 육아를 맡게 된 직업군으로서의 '전업주부'를 탄생시켰다면, 이제 21세기 고도의 분업화와 무한경쟁 시스템의 세상은 그 어떤 살벌한 경쟁 체제에서도 살아남을 수 있는 생존능력 상위 10퍼센트의 자녀들을 기르기 위해 전문력을 기르는 '전문 엄마'를 탄생시켰다. 전업주부와 전문 엄마의 의미 추구에 대한 나의 분석은 『엄마되기, 아프거나 미치거나』(대한기독교서회, 2009)에서 자세히 다루었다.

에 대한 최대한의 책임감의 표현이다. 낳는 것만이 대수가 아님을 알고 있을 만큼 현명한 까닭이요, 아이를 길러 내는 데 드는 시간과 에너지와 감정노동을 염두에 둔 계산적 행동이기 때문이다. 출산과 육아가 여전히 사적 핵가족 내에서의 남편과 아내의 노동 분업에 의해 유지되는 근대 세계의 초기적 기획인 한, 남성과 똑같은 교육을 받는 내내 같은 경쟁력과 능력을 길러 온 많은 현대 여성들이 아이를 낳지 않는 선택을 할 것은 뻔한 일이다.

가부장적 근대 세계의 기획자들에게는 안타까운 일이겠지만, 세상은 근대적 기획에 참여한 남성들이 원하는 대로 움직여 주지 않았다. 공적 영역에서의 교육 기회의 평등성은 곧이어 취업을 포함한 자아 성취의 부분에서 남녀의 성별 차이를 탈각시킨 '전문가 개인'을 양산하고 있기 때문이다. 이 시스템에서는 결국 더욱더 많은 여성들이 자신의 직업을 찾으려는 동기를 진작시킬 것이다. 이런 제도적·구조적 원인을 무시하고 "내 아이에게 가장 큰 선물은 형제입니다"라는 식으로 감성에 호소하는 공익광고나 "여섯째 낳으면 삼천만 원 지원해 주겠다"라는 어느 구청의 공약은 순진하기 그지없다. '근현대인'으로서의 여성이 당면한 모순은 여성성을 강화시키거나 여성 본연의 임무로서의 모성에 호소하는 기획으로는 결코 해결될 수 없다. 물론 장기 계획을 세워 루소의 조언에 따라 여아들에게 배타적으로 '현대적 현모양처 교육'만을 시킨다면 한두 세대쯤 뒤에는 가능할지도 모르겠다. 그러나 양성 평등을 근대적 가치로 주장하고 이에 입각하여 공평한 교육 기회와 내용을 제공하는 한, 그리고 오직 공적 노동에만 공적 평가를 수행하고 공적 대가를 지불하는 한, 근대 세계는 여성 통제를 효과적으로 수행하기 힘들어 보인다.

3. 21세기 대한민국 기독교 여성의 '경건'

1) 경건의 재편, '삼중'의 소명

기획 의도가 어찌되었든 개신교 가정 윤리 정도면 이상적인 결혼관이요 발전적 여성 이해라고 칭찬할지도 모를 일이다. 여자를 아끼고 보호하고 존중하는 여성관이요 결혼관이니, 전통적 기독교 안의 끔찍한 여성 비하적 발언들에 비해 실로 얼마나 이상적인가? 실제로 지금까지도 개신교 전통을 계승한 많은 교회들이 같은 내용을 가르치고 있다. 우리나라에서 최근 대형 교회들을 중심으로 앞을 다투어 진행하고 있는 아버지 학교, 어머니 교실, 새가정 프로그램, 결혼예비학교 등은 청교도 전통의 신학적·신앙적 견해를 기반으로 진행된다. 그래서 행복하다면야, 어차피 이래야 굴러가는 근대 세계임을 아는 마당에 굳이 시비를 걸 필요가 없을지도 모른다. 더구나 '보수'하고 싶은 것이 근대 핵가족의 이상이라면 말이다. 개신교 가정 윤리가 기독교 경전의 내용에 미루어 정당한 것인가의 판단은 이 책의 관심사가 아니다. 그것은 중요한 주제이지만 기독교 내부 독자를 향한 글에서 다룰 일이다. 그러나 근대의 기획과 개신교 가정 윤리 사이의 관계성을 논하는 여기서 우리가 놓치지 않아야 할 부분은 개신교 지도자들이 수행한 '경건'의 재편이 여전히 가부장적 질서를 종교적 언어로 포장하여 근대 여성들의 자기인식을 통제·조정하고 있다는 점, 그리고 이러한 논리를 보수하고 회복하기 위한 21세기 글로벌 기획의 운동력으로 작용하고 있다는 사실이다.

사실 여성 인식과 관련하여 개신교 윤리와 근대적 기획 사이의 친화성을 논할 때, 우리나라의 경우 함께 고려해야 하는 또 하나의 특수한 요소는 근대적 여성 이해와 혼재되어 작동하고 있는 전통적 여성관의 영향력이다. 근대화가 너무 빨리 진행된 것이 문제라면 문제였다. 200~300년에 걸쳐 사상과 제도가 서서히 근대화되어 간 서양에 비해 한국의 근대화는 불과 50여 년 안에 압축적으로 진행되었다. 그 결과 전통적 여성 인식이 여전히 문화적 관성으로 남아 있는 상태에서 근대적 여성 이해가 중첩된 거다. 개신교 신앙과 근대성을 하나의 패키지로 받아들였던 한국 교회이고 보면, 결국 지금 이 땅에서 설교되고 전파되는 '이상적 여성상'은 세 가지 담론, 즉 유교 가부장적 이상과 개신교 윤리, 근대 여성 담론이 혼종적으로 작동하며 만들어진 셈이다. 더구나 전통적 가치의 수호라는 이름으로 제3공화국, 제4공화국 당시 국가적 차원에서 유교적 덕목이 재차 강조된 덕택에 아직까지 '가부장'을 위해 크고 작은 희생으로 자기를 포기하는 여성들의 결단이 '덕스러움'으로 칭찬받고 권장되고 있는 실정이다.*

---

* 유교적 시스템이 확고했던 조선 사회를 통해 우리나라는 이미 근대사회의 공·사 이분법적 삶의 조건이 성립되기 훨씬 이전부터 양반 사회를 중심으로 행정 관료제를 확립했었

이러한 유교적 여성관은 한국 개신교 목회자들의 가부장적 사고와 여신도들의 문화적 습관으로 자리 잡으며 개신교적 여성관과 교묘히 결합하였다.

결국 빠른 근대화로 유교적 관성을 상당 부분 간직한 채 근대-기독교 가부장제의 기획물인 개신교 가정 윤리를 내면화한 오늘날의 한국 개신교 여성들은 삼중의 문화적 기대 속에서 살게 되었다. 하필 그녀가 전통적인 '유교적' 가치를 간직한 집안에서 태어나 '근대' 교육을 착실히 내면화하고 살아가는 '경건한' 기독교 여성이라면, 그녀의 삶은 세 겹의 견고한 가부장적 '응시' 속에서 자기 내면화를 통해 가장 성실한 '여성 보조자'의 삶을 살아가고 있을 것이다. 때

다. 유교 시스템(베버는 이를 전근대적 형태의 '가산관료제'라고 불렀다)은 일찌감치 관료들이 공적 업무를 잘 수행하도록 '집안'을 건사하는 여인을 '필요'로 했다. 때문에 유교 가부장들은 집안을 살뜰히 돌보는 여인을 '덕녀'(德女)라 칭송하며 유교 경전과 교훈서들을 통해 '정숙하고 덕스런 여인들'을 만들어 갔다. 조선 중기를 넘어서면서 '덕녀'보다 더 강도 높은 '열녀'(烈女)의 이상이 조장되기도 했다. 『열녀전』 등을 통해 어머니, 부인, 딸의 역할을 잘 수행하면서 남성 중심적 가부장제 질서의 유지와 확장에 기여한 여성들을 칭송하는 유교적 여성관이 확고해졌다. 태교나 정절에 대한 가르침 등 여성 신체와 일상생활에 대한 철저한 통제가 담론과 제도적 차원에서 확산되었다. 조선 중기에 이르면 '삼종지도'(三從之道)가 여자의 인생 법칙처럼 여겨졌다. 성종 시절 법제화된 재가금지법은 순수한 부계친족제 유지를 위한 제도적 장치였다. 결국 결혼 전에는 자신의 가문을 위해, 결혼 후에는 남편의 가문을 위해 살아가는 것을 '여성의 운명'으로 배워 온 '양가집 규수'에게 '자기희생'은 숭고하고 본연적인 '여성의 덕목'으로 받아들여졌다. 조선시대 쏟아져 나온 수많은 수신서 어디에도 여성에게 자기 됨을 위한 주체적 노력에 힘쓰라는 가르침은 없다. 이 책들은 자아개발서가 아니었기 때문이다. 유교적 질서를 정착시키는 데 필요한 보조자의 역할, 순종과 유순함, 희생을 사회화하는 과정이 전부였다. 물론 똑똑한 여인으로 하필 그런 시대에 태어난 죄로 비극적 인생을 살다 간 허난설헌 같은 이들도 예외적으로 있었지만, 대부분의 조선 여인들은 딸로, 며느리로, 아내로, 어머니로 그렇게 늘 '타인과의 관계' 안에서만 자신을 규정하면서 자기희생을 '당연시'해 왔다.

론 기쁘게, 때론 소명감에 충만하여, 내적 갈등이 온다면 기도와 신앙으로 극복하면서……. 얼마 전까지 나의 삶이 그러했고, 매일 만나는 나의 교회 친구들이 여전히 그러하며, 심지어 강단에서 만나는 신실한 신세대 기독 학생들이 놀랍게도 그러하다. 오늘날 많은 이들에게 유교적 가치관이 상당히 약화된 것이 사실이고, 근대가 그 후기적 조건으로 진입하면서 낭만화된 여성 이해가 가진 모순이 드러나는 것도 사실이지만, 이러한 시점에도 여전히 개신교 가정 윤리의 유입과 전개 과정에서 결합된 '유교·근대·개신교적 패키지'는 '경건한 삶'이라는 종교적 요소가 강력한 접착제가 되어 좀처럼 해체되지 못하고 있는 실정이다.

개신교의 다른 요소들과 마찬가지로 개신교 가정 윤리는 '근대 문명'과 함께 한국 땅에 전달되었다. 문제는 한국의 기독교인들이 '전달된 개신교'가 가진 태생적 한계, 즉 근대 가부장적 기획과 개신교적 경건의 재편 사이에 맺어진 긴밀한 결합을 보지 못했다는 점이다. 덕분에 한국 개신교는 일정 부분에서는 명백히 여성들의 인권 신장에 앞장선 공헌에도 불구하고, 결국 경건과 능력으로 무장된 '근대적 보조자'를 길러 냈을 뿐이라는 비난에서 벗어나기 힘들어 보인다. 개신교가 여성해방을 가져왔다고들 말하지만, 전통적인 여성 이해를 대체한 것은 '경건'의 이름으로 정당화된 개신교적-근대적 가부장제의 결합체였다. 선교사들은 한국 여성들이 이름을 가지고, 글을 읽고, 근대 문명의 이기를 습득하길 원했고, 실제로 한국의 여성들에게 그 능력을 주었다. 그러나 선교사들이 기독교적 가정으로 꿈꾸고 있는 이상은 확고한 일부일처제 아래서 보다 합리적이고 과학적인 가정생활을 영위해 나가는 것, 즉 근대적 기획의 개신교적 사례였을 뿐이다. 때문에 선교사들의 의도 이상으로 성장한 근대 여성들, 그러니까 개신교가 열어 준 '신여성'의 길을 통해 '자아'가 되는 꿈을 가졌던 여성들은 '비난의 대상'이 되었다. 1920년대 대표적인 기독교 신여성이었던 나혜석은 소학교부터 근대-기독교 교육을 받고 '나 되기'의 욕망을 너무 일찍 터득한 이유로 불행했던 '근대적 여성 개인'이었다. 서양에서 애이드리엔 리치Adrianne Rich가 '더 이상 어머니는 없다'라고 분노에 찬 선언을 하기 반세기 전에 이미 나혜석은 자신의 모성 경험을 통해 그것이 천성이 아닌 사회적 구성이며 후천적으로 개발된 품성임을 깨달았다. 그러나 근대적 모성 기획이 근대적 자아성취와 심각하게 모순됨을 고발했던 그녀의 외침은 유교적 코드에서는 '부덕함'으로 읽혔고 기독교적 코드에서는 '불경건'으로 비춰졌다. 나혜석은 유교적 잣대로도, 기독교적 잣대로도 비난받을 여성이었다. 가부장적 유대교의 4,000년 전 남녀관계, 근대적 이상, 거기에 아직 잔재처럼 남은 유교적 가치를 버무려 교회는 지금도 여전히 경건한 아내, 경건한 엄마를 생산하고 있다.

2) '천상소명'과 '지상명령'으로서의 아내-엄마 되기

결국 근대적 교육이 진행되는 상황에서 최초의 기획이 작동하기 위해서는 신실한 여성은 많이 배우고도, 이루고자 하는 독자적 꿈이 있어도, '조력자'의 삶을 신적 소명으로 여기며 이를 선택이 아닌 '운명'으로 받아들이는 개인이어야 한다. 청교도적 결혼관에서 '경건한 여자'는 오직 남편의 '상응하는 돕는 자', 즉 '내조자'이다. 따라서 남편과 아내의 관계를 '그리스도와 교회의 관계'로 유비시키고 둘 사이의 기능적 위계는 신적 질서임을 강조하는 메시지들이 설교와 선교 프로그램을 통해 신실한 여신도들과 청년들을 훈육하고 있다.

여성은 아내로서 책임이 있습니다. 여성은 성경 말씀을 비유로 들자면, 교회와 같은 것입니다. 그리스도를 향한 순종과 예배가 있는 곳이지요. 따라서 아내들도 교회로서 순결과 아름다움을 갖추고 있어야 하며 교회로서 예배가 양육의 사역이 요청되는 것처럼 집안에서 자녀들을 돌보고 위해서 중보하는 사역을 잘 감당해야 합니다. 그리고 남편을 '상응하는 돕는 자'로서 남편을 있는 그대로 받아들이고 인정하고 존경하며, 남편에게 맞추어 나간다면, 그런 아내는 '완전한 남자'를 만드는 '완전한 여자'가 될 것입니다. (백소영, 『엄마되기』, 233쪽에서 인용)

17세기 영국이나 미국 청교도 목사의 설교 본문이 아니다. 불과 얼마 전 '한국' 강남의 한 대형 교회 목사님의 말씀이다. 정확히 청교도적인 아내의 역할이며 유교적 덕목과도, 근대적 기획과도 부합되는 여성상이다. 청교도 남성 목회자들이 주장하는 '창조 질서'로서의 남녀 관계에 따르면 여성은 남성과 '인격적으로는 평등'하나 '기능적으로는 여전히 위계적'인, 그러니까 존재론적으로는 평등하나 기능적으로는 차별이 있는 피조물이다. 교회 구성원으로서는 원칙적으로 영혼의 평등성을 소유한 개별 신자들이나(이는 원칙일 뿐이다. 여전히 목회자나 장로 등의 평신도 지도자의 성별은 압도적으로 남성이다), 결혼관계 안에서는 남편과 아내의 위계적 역할 분담이 신성시된다. 한결 부드럽고 낭만화된 언어로 기획된 개신교적 여성 이해이지만, 여전히 인용되는 것은 2,000년 전 가부장적 전제를 고스란히 담은 성서 본문이다. 여전히 남편이 아내의 '머리'라는 것을 분명히 하며 이는 하나님께서 인간세계의 질서 유지를 위해 주신 권위의 질서라고 가르친다. 남편에 대하여 아내의 경건은 '순결'과 '아름다움', '순종'과 '보조함'에 있다.

이 전통 안에서 자란 교회 여성들은 하나님께 신실하고 교회의 인정을 받는 '완전한 여성'이 되고자 '상응하는 돕는 자'로서 남편을 위로하고 격려하는 영적 파트너요, 그가 세상 유혹으로부터 굳건히 신앙을 지켜 낼 수 있도록 자신을 충분히 매력적으로 가꾸고 남편의 성욕을 만족시켜 주며 아울러 재생산 기능을 수행하는 성적 파트너로서 자신의 존재 의미를 규정짓게 된다. 또한 남편이 집안 걱정 없이 바깥일에 전념할 수 있도록 야무지게 집안 살림을 하고 똑똑하게 아이들을 양육하는 일을 신적 소명으로 여긴다. 아내요 엄마로서 주어진 이 모든 행위들은 '경건'의 이름으로 신성시되었다.

흥미로운 사회적 관찰은 근대적 핵가족 구조가 와해되어 가면서 가족이 삐걱거리게 된 21세기의 시점에서 이렇게 '경건한 여성'

을 이상화하는 메시지가 더욱 강하게 전달되고 있다는 점이다. 필시 위기의식을 느꼈을 터이다. 가정 회복에 대한 교회의 외침과 운동성을 가진 실천은 소위 세속화의 흐름에 대한 반응이었다. 1960년대부터 미국에서 진행된 세속화의 흐름을 지켜보면서 경건한 교회 지도자들은 이를 기독교 가정과 결혼관을 위시한 세계관에 대한 영적 공격으로 해석했다. 이러한 세속화 흐름에 강력히 저항하며 동성애 퇴치, 전통적 가정의 회복 등을 교회의 사회적 선교로 선포했고 주기적으로 성경적 결혼관과 가정관을 강조하여 가르쳤다. 물론 그들이 '전통적'이라고 말하는 가정은 개신교-근대적 결합물로서의 핵가족이다. 낭만적 사랑과 경건한 신앙으로 결합한 이성애 부부와 그들의 자녀로 이루어진 지상의 낙원! 이 제도가 필요했던 초기의 시절처럼, 개신교는 이제 이 제도의 유지 혹은 회복을 위해 다시 경건한 가정을 외치기 시작했다.

사실 그들이 '세속화'라고 비난하는 '불신앙' 혹은 '비경건'의 양상은 이미 근대화의 원리 안에 내재한 것이었음을 앞서 말했다. 근대 교육제도가 법제화한 '동등한 교육 기회의 부여'는 유사 이래 여성에게 새로운 '욕망'을 갖게 하였다고 말이다. 현대의 여성들은 아내가 아닌, 엄마가 아닌, 딸이 아닌, '내'가 되려는 욕망을 길러 왔고 그 욕망을 성취할 수 있는 능력을 공교육을 통해 차근차근 쌓아 왔다. 점점 더 많은 여성들이 '내'가 되는 길을 알고 욕망하고 선택하는 동안 서서히, 근대 가부장제적 구성은 균열을 마주할 수밖에 없을 일이다. '경건한 신앙을 가진 근대인'의 욕망은 중세의 교회가 신의 이름으로 강제한 존재론적 위계로부터 해방되어 평등하고 자유로운 신세계를 건설하는 것이었다. 출신 성분에 의해서가 아니라, 순전히 개인의 능력과 성실성에 따라 평가받고 존중받는 사회의 도래! 이것은 중세인에게는 꿈이고 이상이었다. 그리고 그것이 현실화된 세계는 계급 차이, 성별 차이를 넘어서서 공정하고 공평하게 개인의 능력으로 전문성을 인정받는 근대 세계의 주체들을 만드는 일에 큰 몫을 감당했다. 문제는 초기의 기획자들이 미처 예상치 못했던바 여성들도 이러한 '근대인'이 되기를 희망했다는 점이다. '만인이 하나님과 법 앞에 평등'하고 '균등한 기회를 제공받아야 한다'라고 외쳤던 근대적 기획의 결과, 가정 내에서 헌신하고 희생하는 일을 전적으로 도맡을 인력이 점점 줄어들게 되었다. 근대 세계의 공적 영역에서의 전문가는 성별을 벗어 버린 개인이다. 내가 '탈성적 전문가 개인'이라고 부르는 이 근대인은 원칙상으로는 남성이나 여성이나 상관이 없다. 다만 전문가로서의 능력이 중요하다. 또한 '평생 고용'이 불가능한 노동 유연성의 21세기 '신자유주의적' 대한민국에서 여성이든 남성이든 보살펴야 할 가족과 유지해야 할 가정을 가지는 개인은 이미 경쟁력의 면에서 불리한 위치에 처하게 된다. 그 결과로 드러난 것이 가정 위기 혹은 해체의 현상이다.

이러한 과정을 근대적 기획 자체의 모순에서 찾지 않고 '세속화'의 결과 혹은 '경건의 상실'로 해석하려는 복음주의적 개신교도들은 미국이고 한국이고 할 것 없이 모두 입을 모아 해결책으로서의 '경건의 회복'을 외친다. 기독교 우파 지도자들은 낙태, 동성애, 포르노

그라피, 휴머니즘, 그리고 붕괴된 가족 현실을 영적 타락이요 도덕적 붕괴라고 읽고 있다. 근대-개신교적 가치를 '보수'하려는 기독교 세력은 미국에서는 1980년대에, 한국에서는 1990년대 이후 눈에 띄게 활동성을 보였다.* 이들은 그들의 청교도 선배들이 그러했듯이 전 세계로 번역되어 팔리는 수많은 서적과 글로벌 소통 수단(인터넷 설교, 기독교 텔레비전 채널 등)을 통해 경건 회복의 일환으로 가정의 질서가 온전히 서야 함을 피력한다. 또한 세속화의 흐름에 맞서 복음적인 대학교들을 건립하고 세속화에 대항할 영적 투사들을 길러 내고 있다. 이들이 원하는 대항 엘리트가 되어 '세계를 교구 삼아' 기독

---

* 신자유주의의 기치를 높이던 레이건 시절 미국 신우파의 중심에 기독교 신우파(the New Christian Right)가 있었다는 것은 우연이 아니다. 미국 개신교, 가톨릭, 유대교의 우파적 종교 연합운동은 레이건의 초선과 재선에 기여한 바 있었다. 유명한 제리 폴웰의 '도덕적 다수'(Moral Majority) 운동을 위시하여 '기독교인의 목소리'(Christian Voice), '전통적 가치를 위한 미국 연합'(American Coalition for Traditional Values), 1990년대 팻 로버트슨의 '기독교연합'(Christian Coalition) 등은 다원화되고 세속화되는 미국이 불만인 사람들이었다. 1960년대 말 이후, 여성주의자나 동성애자들의 공민권 운동, 낙태 허용 운동 등이 못마땅했던 이들은 세속적 인본주의, 공산주의, 페미니즘, 낙태, 동성애 등을 반대하며 전통적 가족 가치를 최우선하여 지키고자 했다. "미국이여, 그대가 죽기엔 너무 젊지 않은가!" 미국이 사는 길은 옛 신앙, 그러니까 뉴잉글랜드 정신으로 돌아가는 것이라고 부르짖으며 150개 도시를 순회하며 미국 건국 200주년을 기념했던 폴웰은 덕분에 국가적 지도자로 급부상했다. 레이건은 '바이블밴드'(Bible Band)의 중심지 댈러스에서 1만 5,000명의 목사를 모아 놓고 '전통적 가치를 바탕으로 정책을 만들겠다'라고 천명하였고 승리를 거머쥐게 된다. 반면 이 보수 운동단체들이 좌파 인사로 낙인찍은 민주당 의원들 27명 중 23명이 낙선하는 해프닝이 벌어졌다(최명덕, 「레이건 시대의 기독교 신우파의 정치 참여」, 274~275쪽). 한국의 보수적·복음적 교회들의 정치화 흐름에 대해서는 2장에서 상세히 다루었거니와, 가정 회복 운동의 부분도 같은 맥락에서 비슷한 시기에 대형 교회 중심으로 프로젝트화되어 운영되고 있다. 이 운동이 온누리교회, 사랑의 교회, 소망 교회 등 중산층을 상징하는 교회들에서 시작되었다는 것은 다시 한번 근대 중산층 가정 담론과 개신교 가정 윤리 간의 친화성을 증명한다.

교적 가정의 비전을 전하는 수많은 강사들 중에 여성 강사들은 여성으로서 그녀들이 겪었던 삶의 분열과 고통을 나누는 가운데 더 많은 공감과 영향을 불러일으키며 경건한 여신도들에게 영향력을 발휘하고 있다. 일례로 베스트셀러 작가요 스타 강사로 『매일 성공하는 여자』, 『하나님이 기뻐하시는 여성』 등을 쓴 엘리자베스 조지Elizabeth George는 자신의 경건한 개신교 동료들에게 청교도적 가르침을 재차 권면한다. 그간 아내와 엄마, 주부로 살라 하는 성서의 권고를 무시하고 자신의 일과 꿈을 좇느라 바빴던 삶을 회개하면서 조지는 남편을 돕고, 그의 지도력을 따르며, 존경하고 사랑하되 "종이 되기까지" 하는 경건한 아내의 역할과, 말씀과 훈계로 자녀를 양육하는 엄마의 역할을 신적 소명으로 우선시해야 함을 권고한다. 그녀는 심지어 "집을 세우는 지혜로운 여인"(『잠언』 14:1)이 되기 위한 가사활동의 구체적인 지침까지 제시하며 여자는 하나님으로부터 가정을 선물 받은 '청지기'이기에, 집 밖의 직업은 그만두어야 하며 단란한 가정을 만드는 일을 소명으로 여겨야 한다고 조언한다(조지, 『매일 성공하는 여자』, 93~120쪽).

한국 개신교 주류의 '아메리카필리아'는 오래된 일이다. 원인이나 태생적 제한성에 대한 성찰은 예나 지금이나 뒷전이다. 미국에서 불어온 '경건한 가정'의 질서, 즉 여성의 아내 됨과 엄마 됨을 천상소명이요 나아가 지상명령으로 그리는 이런 가르침은 글로벌 운동력을 가지고 한국 땅에 도착했고 1990년대 이후 한국에서도 대유행이 되었다. 한동안 강남의 한 대형 교회가 일으킨 '아버지 학교'가 큰 호응을 얻었지만, 이는 '온건한 가부장'으로서 작은 교회인 가정의 영적 가장으로서의 역할을 재다짐하는 내용이었을 뿐, 21세기적 상황에서의 새로운 젠더 역할에 대한 고민과 성찰은 전무했다. 이어서 우후죽순처럼 등장한 어머니 학교, 하이패밀리, 결혼예비학교 등의 가족 관련 프로그램들은, 소명과 명령으로서의 아내와 엄마 역할을 더욱 강화시켰다. 기독교가 선포하는 경건은 다시 한번 21세기 근대적 가족 구조의 위기 상황 속에서 이를 유지·보수하려는 욕망과 결합하여 적어도 '경건한 신앙'을 소유한 집단 내에서는 상당한 효과를 보고 있는 중이다. 교회마다 넘쳐 나는 각종 간증은 소명으로서의 엄마와 아내 됨을 선택한 뒤에 넘쳐 나는 자신의 내적 기쁨과 축복으로 주어진 천국 같은 가정을 증거하지만, 경건한 여신도들은 정작 바로 그 역할이 근대적 여성에게 기대된 것이며 그녀들이 비로소 회복한 가정의 평화는 전업주부의 역할이 효과적으로 수행된 결과일 뿐이라는 사실을 보지 못한다. 그녀들이 선물로 받은 단란한 가정은 굳이 '하나님의 은총'이 없어도 근대적 전업주부의 역할을 성실히 수행하는 한은 누릴 수 있는 조건이다. 하나님의 축복이 그들의 가정 가운데 내리지 않았다는 말이 아니다. 그들이 욕망하는 가정의 이상이나 결과가 고유하게 기독교적인 질서가 아닌데 굳이 이를 종교적 언어로 포장하는 것은 옳지 않다는 말이다.

더 가중된 문제는 가정 영역에서의 경건 실천이 '천국 같은 가정' 만들기라는 소박한 개인적 꿈에서 그치지 않고 있음이다. '청부'의 욕망과 결합된 개신교 노동 윤리의 경건이 그러했듯이(3장 참조),

소명감 가득하게 주부의 역할을 수행하는 21세기 개신교 여성들은 많은 경우, 근대적 의미에서의 '알파맘'(전문 엄마)의 자질에 더하여 '하나님의 은총'이라는 특혜까지 누려 경쟁자들을 이기려는 복합적 욕망을 표출하고 있다. 다른 전문 엄마들에게 뒤지지 않는 최상의 정보력과 재력으로 아이들을 교육하면서 동시에 주요한 시험 때나 상위 학교 결정을 앞두고 '경건한 알파맘'들은 교회로 몰려든다. 아이들의 성공을 위해 비는 마음이야 냉수 한 사발 앞에 놓고 마음을 모아 기도하던 옛 시절부터 있던 일이니 새삼스럽지 않다. 그러나 '구복적 행위'를 비합리와 우상숭배로 간주하던 개신교 신앙을 기억한다면, 그녀들의 경건이 '그 모든 결과 가운데 하나님의 뜻을 헤아리겠다'라는 겸허한 신앙 자세보다는 '내 아이만큼은 더 잘하게 해달라'라는 구복적 의도가 강하다는 것을 간과할 수 없을 일이다. 더구나 '경건한 알파맘'들의 기도는 조직화되어 가고 있다. 주로 성경 공부로 진행되던 수요일 오전 10시 교회 집회는 어느덧 교회마다 '어머니 기도회'라는 새로운 장르로 재편되었다. 평일 오전이라는 시간이 전제하듯 수요 모임은 전업주부가 주된 대상임은 예나 지금이나 다를 바가 없다. 그러나 이제는 기독교 주부들의 절실한 기대와 욕망이 변했고 교회는 이를 읽어 낸 것이다. 어떻게 하면 내 아이를 '경건한 능력자'로 길러 낼 것인가? 이 지상과제에 목숨을 건 신실한 개신교 엄마들은 교육, 영성, 가정 사역 전문가들로부터 노하우를 전수받고자 열심을 낸다. 경건한 신앙과 경쟁력 있는 전문 교육으로 입시나 취업에 뛰어난 성과를 낸 선배 여신도들은 각 교회의 어머니 기도회

에 불려 다니느라 바쁘다. 성공 사례를 열정적으로 전하는 강사나 초
롱초롱 눈을 빛내고 들으며 메모를 하고 '아멘'으로 화답하는 청중
모두 '경건한 알파맘'을 욕망하는 여인들이다.

맺는말 '사이'를 사는 사람들, '이미'와 '아직' 사이

기독교 신앙을 가진 신자들이 양손에 부여잡고 그 '사이'를 살아야 하는 것은 '경건'과 '욕망'이 아니다. 근대 역사의 전개 과정에서 우연히 시간과 공간이 중첩되었던 사람들, 개신교도! 존재 자체가 온통 '기독교적'이었던 중세 유럽을 막 빠져나온 그들이 자신들의 세속적 욕망을 종교적 언어로 설명하는 가운데 경건과 욕망의 '우연한' 결합이 이루어졌을 뿐, 이 둘 사이의 결합은 결코 기독교 복음의 본질은 아니었다. 신앙적 경건 실천과 세속적 욕망 추구 사이의 친화성을 확립한 개신교 신학과 실천의 문제점을 지적하고, 급기야 전후 관계가 전도되어 이제는 세속적 욕망의 성취를 위해 경건을 무기 삼는 21세기적 상태를 우려했지만, 이는 현재 개신교도들 전체가 몽땅 그런 모습이라고 한데 묶어 비난하는 것은 아니었다.

개신교도들이 기독교 역사에 있어, 그리고 근대 세계의 출현과 전개에 있어 부정적인 역할'만'을 했다면 굳이 이렇게 지면을 할애하여 이들의 의미 추구를 성찰할 이유도 없다. 사실 기독교 역사에 있어 개신교도들이 이룬 가장 큰 공헌은 '경건의 재해석'이었다. 루터와 칼뱅, 그리고 그들의 신실한 개신교 후계자들이 강조하고 있듯이 이들은 진정한 경건이 일상에서, 하루하루의 삶 가운데 표현되고 실천되어야 한다고 설교하고 그대로 살아가려 분투한, 최초의 대규모 기독교 집단이었다. 이는 예수의 핵심 가르침이었으나 기독교 교회가 제도화되어 가는 과정 중에서 약화되거나 삭제되었던 부분이다. 가능하면 세속을 떠나, 세상 공동체 밖에서 단독자로서 극단의 금욕을 통해 하나님을 홀로 대면하고 수행하는 경건을 말하던 고대와 중세의 경건 실천에서 돌이켜, 예수와 초대교회가 실천했던 '지금-여기'에서의 경건을 회복한 '신통한' 사람들이 이들 개신교도들이다. 경건 실천의 현장이 신자들이 발을 딛고 살아가는 현실이고 구체적으로 관계하는 사람들 사이라는 개신교도들의 선포는 틀리지 않았다. 다만 그들의 경건 실천이 '현세내적'이다 보니 경건과 욕망 사이에 존재해야 할 긴장감과 견제가 쉽게 사라지거나 포기되었다는 것이 문제였다. 1세대 청교도들에게는 유지되었던 신앙적 경건과 세속적 욕망 사이의 긴장이 무너지고, 근대 제도적 욕망으로서의 '돈벌기'나 '성공하기'가 신앙적 정당화를 통해 견고하게 결합되어 버렸다. 더 나아가 21세기 개신교도들은 부와 번영이라는 세속적 욕망의 성취를 위해 '하나님의 은총'이라는 최고의 경쟁력을 확보하려 경건을 이용하고 있으니 이 전도된 개신교 윤리가 더욱 문제인 상황이다.

물론 '번영신학' 유의 변질된 행태는 전혀 복음이 아님을 지적하는 목소리들이 요즘 들어 개신교 내부에서 부쩍 늘어나고 있는 것은 고무적인 일이다. 지극히 사사화된 개인적 차원의 성공이나 영혼 구원이 반쪽짜리 복음임을 강조하며 진정한 경건의 사회적 차원을 되살리고자 노력하는 교회와 평신도 단체들이 미국에서도 한국에서도 조금씩 등장하고 있다. 무엇보다 그동안 개인의 경건 수행으로 모든 것이 해결된다는 식의 선포를 넘어, 구조적·제도적 분석과 비판하에 보편적 공정사회를 지향하는 데 참여하는 기독교적 담론과 실천은 고무적이다. 점차 다원화·세계화되어 가는 우리의 삶의 현장에서 끊임없이 발생하는 '같이 살기의 문제들'을 성찰하고 공적 영역에서 책임 있는 기독교적 참여를 고민하는 '공공신학'도 이러한 성찰적 흐름에 속한다고 볼 수 있다.*

최근 기독교 경건을 새롭게 성찰하려 노력하는 이들이 공통으

---

* 공공신학은 개신교의 역사적 진행 과정 중에서 탈각된 신앙의 공공성을 회복하고 신자들이 시민사회의 일원으로서 공적 문제들에 신앙적 자세로 책임 있게 참여해야 함을 주장하는 신학적 운동이다. 한마디로 칼뱅주의적 개혁 신앙이 강조했던 언약 사상의 사회적 차원을 다시 회복하고자 하는 움직임이라고 보면 된다. 영국과 스코틀랜드를 중심으로 1960~1970년대에 논의가 시작되었고 미국에서는 프린스턴신학교의 기독교윤리학 교수였던 스택하우스(Max Lynn Stackhouse) 등을 중심으로 1980년대 이후 본격화되었다. 우리나라의 경우는 20세기 말부터 '기독교윤리실천운동'을 비롯하여 성경적 토대를 가지고 사회적 언어로 신앙을 표현하고 시민사회의 이슈에 참여하자는 움직임이 활발히 일어났다. 그러나 개인적 차원의 사회적 책임을 강조하는 측면에서 결국은 '고지론'(신앙을 가진 신자들이 정책적 영향력을 끼칠 수 있는 사회의 고위 직책에 올라야 한다는 이론)으로 귀결될 위험성을 가지고 있는 점은 지적되어야겠다. 실제로 '기독교사회책임', '미래한국', '청교도영성훈련원' 등은 보수적 정치 성향을 가진 기독교도들의 조직적 정치 참여 사례들로서 칼뱅주의에 토대를 둔 정치신학의 태생적 한계를 드러내고 있다. 물론 공공신학의 스펙트럼이 넓고 '복음과 상황'이나 '한국기독청년학생협의회' 등 현실 사회의 구조적 문제에 대한 비판과 분석에 입각하여 기독교적 신앙의 비전이 담긴 개혁적 대안을 모색하는 흐름도 있는바 일괄하여 평가하기는 어렵다고 본다. 신학적으로는 복잡한 이야기이나 후자의 경우는 해방신학이나 민중신학과 같이, 칼뱅주의와는 다른 신학 전통에 의해 고무되었다는 것이 결정적인 시각 차이를 가져온 것으로 보인다.

로 강조하는 최우선의 과제는 그동안 개신교적 경건 실천과 세속적 욕망 사이에 견고하게 작용했던 친화성을 해체하는 작업이다. 경건한 신자가 사회적으로 높은 위치에 올라야 하거나 세계적인 갑부가 되어야 하는 것은 하나님의 뜻이나 하나님 나라와는 필연성이 없는 관계임을 명시하는 것이 중요하다. 하나님의 뜻은 경건한 신자 개인의 사회경제적 성취나 성공 여부에 있지 않다. 성서가 증언하고 예수가 확증한 하나님의 근본적인 뜻은 '하늘에서 이루어진 것처럼' 그렇게 하나님의 통치 질서가 이 땅에서 이루어지는 것이다. '하나님 나라'의 도래는 한 개인의 사적 성공의 문제가 아니라 세계(더 나아가 우주) 공동체적 질서 재편의 문제이며, 때문에 이 커다란 사업의 전개 과정에서 경건한 신자가 맡은 몫이 천편일률적으로 '성공'과 '번영'일 리 없다. '소명'의식도 훌륭하고 '주의 도구'라 생각하며 하루하루를 성실하게 살아가는 자세를 강조한 개신교 윤리 자체야 나무랄 데 없는 생활 격률이지만, 그 결과가 언제나 '청부'와 '경건한 지도자'의 영광으로 주어진다는 주장에는 신학적 근거도 신앙적 정당성도 없다는 말이다. 하나님 나라의 도래와 확장을 위한 신자의 삶에는 때론 실패가, 더 극단적으로는 죽음까지도 그의 몫일 수 있다.

실은 예수의 몫이 그랬다. 나이 열두 살에 이미 예루살렘 최고 지성인인 율법학자들과 갑론을박할 실력과 능력을 가졌던 '종교 천재' 예수였다. 말씀을 선포한 지 3년이 못 되어 이스라엘 대중이 모두 '메시아'(구원자)라고 떠받들 만큼 카리스마 넘치는 언변과 콘텐츠를 소유한 젊은이였다. 기독교 신앙을 공유하지 않는 이성적 근대인은 인정하기 힘들 일이지만 죽은 자도 살리고 못 고치는 병이 없던 기적 행위자였다고 전한다. 그는 어느 누구보다도 성실했으며 하나님과 소통하는 경건한 자였다. '청부'와 '경건한 고위층 지도자'가 믿음 안에서 누리는 동질적인 하나님의 은총이 '필연적 결과'라면, 예수는 자신의 경건 실천 결과 하나님의 저주를 받은 셈이 된다. 물론 이 책에서는 다루지 않았지만 청부를 욕망하는 신자들 집단이 내세울 답은 따로 있다. 예수는 전 인류의 죄를 대신 속죄하기 위해 하나님께서 직접 보내신 하나님의 아들, 실은 하나님 자신이시기 때문에 십자가 죽음을 당했어야 했다고 말이다. 세상 시각에서 진정한 '루저'의 결말은 예수께서 오롯이 다 감당하셨으니, 이제 신자들의 남은 몫은 '이 세상에서의 축복 플러스 천국'을 누리는 것이라고 말이다. 이 이야기를 길게 하려면 '속죄론'이라는 기독교 교리사의 긴긴 논쟁과 신학적 내용들이 등장해야 하는 또 하나의 주제가 된다. 글을 맺으려는 이 시점에서 풀어낼 이야기는 아닌 듯하다. 다만 '구세주' 예수에게만 '실패와 저주'를 몽땅 맡겨 버리고 신자 개인은 이 땅에서의 물질적 축복과 저 세상에서의 영혼 구원을 누리겠다는 '욕망'은 예수가 부활 승천하며 제자들에게 했던 마지막 말로 "가르쳐 지키게 하라"(「마태복음」 28:20)던 욕망과 너무나 다르다는 것만 짚고 가려 한다.

경건한 개신교도가 욕망해야 하는 것이 있다면 그것은 단 하나, '하나님의 나라가 이 땅에 이루어지는 것'이다. 그것이 예수의 욕망이었다. 그러나 예수가 욕망한 하나님 나라는 칼뱅의 신정 도시나 뉴잉글랜드가 꿈꾼 '언덕 위의 성'은 아니었다. 초대교회가 잠시나마

미완의 모습으로 보여 주었던 하나님 나라의 통치 질서는 모든 인간이(더 나아가 온 우주 생명이) 형제자매로 평등하고 평화롭게 살아가는 자발적이고 급진적인 공동체의 삶이었다. 교회의 제도화나 교리화가 진행되기 이전의 그들은 권위의 위계도 없었고 소유의 위계도 없었다. '서로가 함께'라는 뜻의 그리스 단어 카이 알렐론Kai allēlōn은 이 급진적 공동체의 생활 격률이었다.

서로 앞장서서 남을 존경하십시오(「로마서」 12:10). 서로 합심하십시오(「로마서」 12:10). 서로 받아들이십시오(「로마서」 15:7). 서로 충고하십시오(「로마서」 15:14). 서로 거룩한 입맞춤으로 인사하십시오(「로마서」 16:16). 서로 기다리십시오(「고린도전서」 11:33). 서로를 위하여 같이 걱정하십시오(「고린도전서」 12:25). 서로 사랑으로 남을 섬기십시오(「갈라디아서」 5: 13). 서로 남의 짐을 져 주십시오(「갈라디아서」 6:2). 서로 위로하십시오(「데살로니가전서」 5:11). 서로 건설하십시오(「데살로니가전서」 5:11). 서로 화목하게 지내십시오(「데살로니가전서」 5:13). 서로 선을 행하십시오(「데살로니가전서」 5:15). 서로 사랑으로 참아 주십시오(「에베소서」 4:2). 서로 친절하고 자비로운 사람이 되십시오(「에베소서」 4:32). 서로 순종하십시오(「에베소서」 5:21). 서로 용서하십시오(「골로새서」 3:13). 서로 죄를 고백하십시오(「야고보서」 5:16). 서로를 위해 기도하십시오(「야고보서」 5:16). 서로 진심으로 다정하게 사랑하십시오(「베드로전서」 1:22). 서로 대접하십시오(「베드로전서」 4:9). 서로 겸손으로 대하십시오(「베드로전서」 5:5). 서

로 친교를 나누십시오(「요한일서」1;7). (로핑크, 『예수는 어떤 공동체를 원했나』, 170~171쪽)

예수의 욕망이었던 '하나님 나라'는 언제나 공동체의 관계성 안에서 설명되는 통치 질서였다. 불완전하지만 그 나라의 잠정적 현실 태로서 살아가는 '거룩한 성도들의 모임'인 교회는 이렇게 철저하고 급진적으로 '서로가 함께'의 원칙을 지켜야 했다. 신민이 왕의 짐을 져 주고 참고 순종하는 것, 노예가 주인의 명령에 복종하고 봉사하는 것, 아내'만'이 남편을 겸손으로 대하고 순종하는 것, 이런 일방적이고 위계적인 관계를 '창조 질서'나 '하나님이 허락하신 일'로 제도화하는 것은 하나님 나라의 통치 질서에 위배되는 것이었다. 그래서 예수는 이스라엘 평민들 위에 군림하여 자신들만 부와 권력을 독차지하려 했던 예루살렘의 유대교 성직자들을 향하여 '회칠한 무덤'이요 '외식하는 자'라고 폭언하며 저항했던 거였고, 약한 나라들을 식민지 삼아 폭력적 제국을 영위하는 로마 지도자들을 향하여는 '이 여우야' 하며 날선 비판을 했던 것이다. 단 한 사람도, 심지어 한 마리 양조차 배제되지 않는 나라, 하나님 나라의 대원칙인 '서로가 함께'를 이 땅에 도래케 하는 것이 예수의 유일한 욕망이었기에, 하나님 나라의 통치 질서대로 살아가기로 선언하고 그 삶을 '이미' 살고 있었던 예수에게 그 질서에 반하는 형식주의적 유대교와 제국주의적 로마는 싸움의 대상이었던 거다. 예수는 자신의 욕망에 충실했고 끔찍하고 잔인한 형벌인 십자가가 충분히 예상되는 상황에서도 그 욕망대로 살기를 멈추지 않았다. 그 결과, 예수의 욕망이 자신들의 나라에 가져올 전복적인 힘이 두려웠던 유대교 종교 지도자들과 로마제국의 정치 지도자들에 의해 십자가에 달려 죽었다.

예수의 죽음은 여러 면에서 주디스 버틀러가 해석한 대로의 안티고네의 죽음과 닮아 있다. 버틀러는 『안티고네의 주장』에서 크레온의 법을 어기고 오빠 폴리네이케스를 매장한 대가로 죽음을 당한 안티고네의 저항이 보다 큰 법, 인간 본연의 욕망에 충실했던 행위였다고 평가하였다. 왕위계승권을 놓고 숙부와의 싸움에서 패하고 죽은 폴리네이케스는 왕으로 군림한 크레온에 의해 반역자의 주검으로 명명된다. 크레온의 법체계 안에서 폴리네이케스의 주검을 벌거벗겨 모욕하고 참혹하게 유린하는 것은 '합법적인 행위'였다. 오히려 그런 행동을 막기 위해 폴리네이케스의 주검을 땅에 묻는 행위가 '불법'으로 간주된다. 그러나 안티고네의 입장에서 크레온의 칙령은 제우스 신의 법보다 하위에 있었다. 그녀에게 신들의 법은 분명했다. 안티고네는 크레온에게 당당하게 선포한다. "당신의 포고는 언젠가는 사라질 것이므로, 그 포고가 글로 쓰인 바 없으나 실패한 적도 없는 신들의 법을 뒤집을 정도로 강력한 힘이 있다고는 생각지 않습니다. 왜냐하면 신들의 법은 생명력이 있고, 그것은 단순히 오늘과 어제의 것이 아니라 영원한 것이며, 그 누구도 그것이 얼마나 오래전에 나타났는지를 모르기 때문입니다"(버틀러, 『안티고네의 주장』, 22, 27, 71쪽).

자크 라캉Jacque Lacan의 표현으로라면 "욕망은 바로 상징적 규범들에 대항하려 하기 때문에 죽을 수밖에 없는 것"이다(버틀러, 『안티고네의 주장』, 41쪽). 라캉은 현행법에 불복하고 오빠의 주검을 묻으려는 안티고네의 행동이 선에 충실하려는 욕망을 대변하고 있다고 보았다. 라캉이 말하는 선이나 윤리는 어느 특정 집단의 이익을 대변하기 위해 법제화하거나 교리화한 격률이 아니다. 그러니까 우리가 내내 다루어 온 개신교 정치 윤리, 경제 윤리, 가정 윤리의 구체적 내용으로서의 '윤리'가 아니라는 말이다. 라캉에게 안티고네는 본연의 욕망에 충실하여 '승화의 윤리'를 보여 준 구체적 사례로 풀이된다. 안티고네의 윤리적 행동은 크레온의 세계를 인정하지 않는 행동이었고 결국 기존 질서의 해체와 소멸을 가져왔다. 그녀가 죽자 약혼자였던 크레온의 아들이 연인을 잃은 상실감에 자살했다. 아들의 죽음은 크레온의 아내 에우리디케의 죽음을 불러왔다. 라캉은 안티고네의 윤리적 선택이 무너뜨린 크레온의 질서 뒤에 "새로운 질서의 가능성"이 도래했다고 평가한다. 라캉은 충동을 "현실적인 삶이 부과한 경계 너머의 실재를 향한 욕망"이라고 정의했다. 이런 욕망은 필연적으로 현재적 질서를 기준으로 보면 '파괴적'이요 '저항적'이다. 이는 "새로이 출발하려는 의지"이며 "영으로부터 창조하려는 의지"이다. '타자의 결여의 자리를 자신의 환상으로 채우는' 사드적 욕망과 구별하여, 라캉은 안티고네의 욕망은 결코 "환상으로 채울 수 없는 실재의 공백 그 자체"라고 말한다. 타자의 공백을 부인하고 그 실재를 자신의 환상으로 채우는 것은 사디즘이다. 이는 도착이다. 사드의 도착적 사랑은 "파괴와 증오의 욕망"이다. 그러나 안티고네의 사랑은 "존중의 욕망"이었다. "어떤 속성으로도 환원할 수 없는 존재 그 자체"를 사랑함이었다. 안티고네의 욕망은 "만족과 열림의 공동체를 이루어 낼" 욕망이었다(김용수, 『자크 라캉』, 68~69, 81, 84~87, 89쪽 참조).

기원전 5세기 한 희랍 극작가의 상상 속 인물을 대변하거나 칭송하는 것이 내가 결론 부분에서 의도한 일은 물론 아니다. 다만 본연의 욕망에 충실했던 대가로 죽음을 당한 예수를 설명하기에 적절한 분석 사례이기에 소개하였다. 정신분석학 계열의 수많은 학자들이 안티고네의 행동을 풍부하게 해석해 준 덕분에, 예수가 자신의 삶 가운데 '이미' 시작했던 욕망을 설명하기 훨씬 쉬워졌다. 라캉이 주장하는 욕망은 근본적으로 현실 제도와 문화에 대해 '반문화적'이라는 점에서 예수의 '하나님 나라'가 가진 대조성과 연결이 된다. 예수의 하나님 나라는 구체적인 법령과 제도, 교리로 채워진 나라가 아니다. 구체적인 조항과 실천 항목으로 꽉 채워진 '닫힌' 나라가 아니라는 말이다. 때문에 칼뱅의 『기독교 강요』는 매우 중요한 기독교의 정신적 유산이지만, 하나님 나라의 질서를 설명하는 지침서는 결코 될 수 없다. 칼뱅의 책만이 아니다. 그 어떤 고매하고 영성 깊은 신학자나 목회자의 글도 하나님 나라를 온전히 '채우지' 못한다. 그러나 그들이 '하나님 나라'의 도래를 욕망하고, 이를 위해 살기로 결단하고 한 걸음 한 걸음 그의 글로, 행동으로 현재에서 하나의 사건으로 실천하는 순간 '이미' 하나님 나라가 그들 가운데 도래하는 것이다.

'이미'와 '아직'! 예수는 하나님 나라의 비밀을 이 두 단어로 설명했다. 그 나라의 통치 질서는 '이미' 시작되었다. 예수에게서도 시작되었고, 그를 '죽기까지' 따르기로 결심한 제자들의 삶 가운데서도 시작되었다(초반부터는 아니었던 듯하다. 복음서에는 헛다리를 짚는 제자들의 이야기가 종종 나온다). 하늘로 들려 올라가던 예수는 '지금 나를 보는 사람들 중에서 살아서 내가 다시 오는 것을 볼 자가 있다'라고 말했다. 임박한 재림에 대한 기대를 드높였던 구절이요, 지금까지도 '언제가 마지막 때다', '예수가 어디서 재림한다' 숱한 이단 교설들이 등장하게 만들었던 본문이기도 하다. 그러니 그때는 '아직' 오지 않았다.

예수는 거짓말쟁이인가? 그의 승천을 본 사람들 중에 살아서 다시 자신의 재림을 볼 자가 있다 하였으니 이 구절을 문자 그대로 해석한다면 가능성은 둘이지 않나? 그가 인간의 평균수명 이내에 재림을 하든지, 아니면 적어도 그 무리 중 한 사람쯤은 기적을 통해서라도 예수 재림 때까지 생명을 연장해 놓든지. 그러나 기독교 전통은 두 가지 가능성에 대해서 침묵한다. 관심도 없는 걸 보면 '누가 예수의 재림을 보나' 하는 것은 필시 초대 기독교의 핵심 주제가 아니었을 터이다.

수수께끼 같은 예수의 마지막 말을 해석하는 힌트는 살아생전 그가 했던 말 가운데 있다. 그는 비유를 들어 하나님 나라의 통치 질서를 설교했었다. 찰떡같이 알아듣고 응답하는 청중을 향해 예수는 "너에게는 이미 하나님 나라가 임했다"라고 말씀하시기도 했다. 분명한 것은 예수가 말한 하나님 나라는 특정한 '공간성'을 가지는 나라가 아니라는(적어도 그 이상이라는) 점이다. 예루살렘에 올 나라, 심지어 「요한계시록」에서 요한의 환상이 보여 준 대로의 특정한 형태와 구체적 건축 재질로 완성되어 나타날 그런 나라가 아니었다. 요한의 환상과 똑같이 그 나라의 성이 "유리처럼 맑은 순금"으로 지어졌는지, 성벽 주춧돌에 벽옥, 사파이어, 에메랄드, 자수정이 진짜로 박혀 있는지(「요한계시록」 21장 참조)는 예수가 말한 '통치 질서로서의 하나님 나라'에서는 그다지 중요한 일이 아니다.

어떤 의미에서 예수가 말한 하나님 나라는 '유토피아'의 특성을 가지고 있다. 알다시피 그리스어 유토피아는 '장소가 없는 곳'ou topos이라는 의미이다. 그러나 현실에 아무런 영향을 주지 못하는 개인이나 집단의 환상이나 망상은 유토피아가 아니다. 실은 유토피아는 '이미' 현재에 와 있다. 다만 '아직' 완성태로 모습을 드러내지 않았을 뿐이다. 그 이상이 현재 존재하는 질서와 제도에 끊임없이 질문을 하게 만들고 현재의 삶을 개혁하게 만드는 힘. 그게 '이미' 현재에 와 있으나 '아직' 도래하지 않는 유토피아의 힘이다(그 철학적 사유에 대해서는 그로스, 『건축, 그 바깥에서』, 8장 참조). 그런 의미에서 '하나님 나라'는 영원히 오지 않는 나라라기보다는, 영원히 오고 있는 나라이다. 그 나라의 비전으로 인해 현재를 파괴하거나 개혁하는 힘을 제공하는……

예수가 말한 그들, '내가 오는 것을 살아서 볼 사람도 있다'던 그들은 사실 이 비밀을 깨달은 이들을 의미하는 것이 아니었을까? 모두에게 '기쁜 소식'(복음)인 하나님 나라의 도래를 자신의 삶 속에서

'이미' 시작한 사람들, '아직' 완성태로 이 땅에 존재하지 않지만 그 열린 미래를 욕망하면서 '지금-여기'에서 그 미래를 현재로 불러오는 개별 사건들을 일으키며 살아가는 사람들. 예수는 그런 이들을 기대하며 그런 말을 했던 것이 아니었을까?

이 지점에서 알랭 바디우Alain Badiou의 상당히 새로운 '사도바울 읽기' 방식은 '보편성을 향해 나아가는 개별 사건 유발자들로서의 기독교인들'의 욕망 실천에 중요한 통찰력을 준다. 바디우는 '보편이 되는 개별적 사건'으로서의 '예수 사건'을 풀이하는 바울의 해석에 주목하라고 말한다. 그는 바울의 '그리스도'(메시아·구세주의 뜻, 예수를 의미함) 해석이 "민족, 도시, 제국, 지역 또는 사회계급"이라는 특수한 이익집단이 장악하고 있던 진리를 그들로부터 벗어나게 했다고 평가한다. "유대 사람도 그리스 사람도 없으며, 종도 자유인도 없으며, 남자와 여자도 없는" 공동체에 대한 선포는 "보편화될 수 있는 개별성"의 사건이라는 것이다. 바디우는 "보편화될 수 있는 개별성"을 "정체성을 추구하는 개별성"과 구분한다. 바디우가 말하는 보편적 개별성의 조건은 "기쁜 소식을 유대 공동체 안에서만의 가치로 머물게 하는 엄격한 울타리에서 벗어나게 하는 것"이며 모든 특수주의적 요구들에 반대하는 것이다. 새로운 보편적 공동체로서의 교회는 유대인 공동체와도, 그리스 공동체와도 어떤 특권적이고 특수한 관계성을 갖고 있지 않다. 그러나 동시에 이 모두를 포괄하는 보편적 공동체이다. 바울에게 예수 사건은 "보편화될 수 있는 개별적 사건"이었고, 바디우는 바로 이 지점이 교회와 사도들이 본받아야 하는 정치적 행동이라고 보았던 것이다(바디우, 『사도바울』, 18, 24~27, 31~32, 43~50쪽 참조).

바울이 정말 바디우의 해석대로 그의 실제 삶과 언행에서 모든 특수주의를 넘어섰는지에 대한 물음과 별도로(4장에서 나는 그가 온전히 가부장적 전제를 넘어선 것은 아니라고 평가했다), 나는 바울에게 예수 사건이 '보편화될 수 있는 개별 사건'으로 선포되었다는 바디우의 통찰에는 동의한다. 마르틴 루터도 마찬가지다. 루터가 위대한 건 그가 성서 안에서 바로 이 '보편성'을 읽어 냈다는 것이다. 만인이 다 하나님 앞에 왕 같은 제사장이다! '왕권신수설' 따위로 특정 인간(왕)을 절대화하고 '그리스도의 대리자' 운운하며 특정 인간(교황)을 신성시하던 루터 시절의 '현재' 질서의 가공할 존재감에도 불구하고, 미래로부터 자신을 부르는 '하나님 나라 통치 질서'를 욕망하며 용감하게 '아니오!' 했던 까닭에 그의 '개별적 사건'이 보편성을 가지는 거다. 그의 '만인제사장설'이 '대중주권론'으로 이어지고 나아가 근대적 시민법의 기초가 되었던 것 때문에'만' 그를 주목하여서는 안 된다. 사실 루터로 상징되었기 때문에 한 사람만 주목받지만, 루터보다 100~200년 전에 성서 안에서 이 '보편성'을 찾아내고 외치다 화형당하고 참수형을 당한 수많은 '루터들'이 이미 있었다. 그들이 한결같이 성서 안에서, 예수의 가르침 안에서 발견한 것은 '하나님 나라의 보편성'이었다. 중세적 특수주의에 저항한 그들의 개별 사건들이 신분제와 교황 절대주의를 무너뜨렸다.

그러나 정작 개신교도들이 근대 세계의 재편 과정에서 실행했던 통치 질서는 '하나님 나라'를 온전히 닮아 있지 못했다. 그들도 결국엔 '특수주의'에서 벗어나지 못했다. 루터의 왕국에 해방된 농노들은 없었다. 아메리카 '인디언'들이 배제된 '언덕 위의 도성'이나, '타종교인들이 배제된 유대인-기독교인들만의 배타적 왕국' 역시 특수주의였다. 이는 예수가 욕망한 '하나님 나라의 통치 질서'와는 거리가 멀다. '아내는 남편의 돕는 배필로만 존재한다'거나 '자유민주주의와 자유경쟁의 시장만이 하나님이 원하시는 제도이다'라고 주장하는 것 또한 예수가 욕망한 하나님 나라의 통치 질서와 거리가 먼 '특수주의'이다.

종교는 이데올로기가 아니라 유토피아로 기능해야 한다. 기독교도 그러하다. 현재의 제도가 배제하는 사람들을 찾아내어 그들과 '서로 함께' 살아가는 질서를 도모하고 모색하는 동력의 근거를 미래, 즉 곧 도래할 하나님의 나라에서 찾는 사람들이 '그리스도인'이다. 그리스도인이란 이름이 무엇이던가? 그리스도인 예수를 따르는 사람들이다. 때문에 개신교도가 신앙의 이름으로 살아야 하는 '사이'는 경건과 욕망 사이가 아니다. 긴장감을 가지고 살아야 하는 '사이'가 있다면 이는 하나님 나라의 질서 가운데 작동하는 시·공간성인 '이미'와 '아직' 사이이다. 유토피아로서의 하나님 나라는 정치성을 가득 띤 이름이다. '서로가 함께' 사는 세상의 도래를 위해, 지금 그렇지 아니한 현재의 질서를 끊임없이 부정하고 개혁하려는 욕망이기 때문이다. 그리스도인이 욕망하는 하나님 나라는 자본가들만의 나라도 아니고, 사회주의자들만의 나라도 아니다. 반공주의자들만의 나라도 아니고 공산주의자들만의 나라도 아니다. '종북좌파'들만의 나라도 아니고, '꼴통보수'만의 나라도 아니다. 하나님 나라를 욕망하는 일에는 보수와 진보 둘 중 하나를 택하는 것이 '신앙적'이라는 논쟁이 자리할 틈새가 없다. 진보냐 보수냐, 둘 중 하나를 택하라는 대한민국 정치의 한복판에서 특수 이익을 넘어서는 보편성을 열어 가며, 그러나 그 보편성이 추상적인 이름이 되어 또 하나의 특수주의를 만들어 내고 생명 공동체의 일부를 소외하거나 배제하는 근거가 되는 것을 막기 위해서, 교회와 그리스도인은 자신의 삶 속에서 끊임없이 '하나님 나라의 통치 질서'를 이 땅에 도래케 하는 개별적인 보편 사건들을 만들어 가야 한다.

> 노동자계급의 세계에서 그리스도는 교회와 부르주아 사회와 손잡고 있는 존재로 보일 것입니다. 이것은 노동자들이 그리스도를 만나야 하는 이유를 소멸합니다. 교회는 자본주의 체제의 견고한 특별 지구입니다. 바로 이 지점 때문에 노동자계급은 예수와 그의 교회를 분리할 것입니다. 예수에게는 책임이 없습니다. 예수는 흥하고 교회는 망해야 합니다. …… 예수는 사회주의자처럼 공장의 마룻바닥에 엎드려 있고, 이상주의자처럼 정치의 한복판에 현존하고, 좋은 사람으로 노동자들 자신의 세계에 존재할 수 있습니다. (채수일 엮음, 『누구인가, 나는』, 160~161쪽)

히틀러 암살 사건으로 인해 형장의 이슬로 사라졌던 개신교 윤리학자 디트리히 본회퍼Dietrich Bonhoeffer의 묵상집 글귀이다. 본회퍼의 글은 부르주아의 하나님과 노동자의 예수를 대치시키는 '보수 대 진보'의 논리 안에 있지 않다. 그의 고백은 보편적 공동체를 이루기 위해 '지금-여기 우리 공동체'에서 배제된 자들을 다시 포함시키기 위한 개별 사건에 참여하는 한 실천적 기독자의 보편 윤리적 외침이다. 개신교도들은 여전히 '욕망 덩어리'여야 한다. 그러나 그 욕망은 더 이상 자신의 경건 실천과 현 제도 안에서의 성공을 결합시킨 그런 욕망이 아니다. 그들은 예수의 욕망, 하나님 나라의 통치 실서가 이 땅에 이루어지는 날을 위해 '이미' 자신의 삶 가운데서 보편성을 지니는 개별 사건들을 일으킬 욕망에 충실한 그런 사람들이다. 그리고 그 나라가 '아직' 도래하지 않았음을, 실은 영원히 오고 있음을 알기에 욕망함을 멈출 수 없어 끊임없이 질주하는 자들이다.

참고문헌

강상구, 『신자유주의의 역사와 진실』, 문화과학사, 2006.

강인철, 「미군정과 이승만 정권하에서의 교회와 국가」, 오경환 외, 『교회와 국가』, 가톨릭대학교출판부, 1997, 613~656쪽.

그로스, 엘리자베스, 『건축, 그 바깥에서』, 탈경계인문학연구단 공간팀 옮김, 2012.

기독교사회사상연구회 엮음, 『한국교회 백주년 종합조사 연구』, 기독교사회사상연구회, 1990.

기든스, 앤서니, 『현대사회학』, 김미숙 외 옮김, 을유문화사, 2003.

김교신, 『김교신 전집 1』, 노평구 엮음, 일심사, 1965.

김덕호·원용진 엮음, 『아메리카나이제이션: 해방 이후 한국에서의 미국화』, 푸른역사, 2008.

김영명, 『고쳐 쓴 한국 현대 정치사』, 을유문화사, 1999.

김용수, 『자크 라캉』, 살림, 2008.

김지방, 『정치교회』, 교양인, 2007.

김현태, 「중세기의 교회와 국가」, 오경환 외, 『교회와 국가』, 가톨릭대학교출판부, 1997, 173~221쪽.

남병두, 『기독교의 교파: 그 형성과 분열의 역사』, 살림, 2006.

노재성, 『교회, 민주주의, 윤리: 칼뱅사상과 근대 자유민주주의의 발전』, 나눔사, 1989.

두셀, 엔리케, 『1492년, 타자의 은폐』, 박병규 옮김, 그린비, 2011.

딜렌버거, 존·클라우드 웰치, 『프로테스탄트 교회의 역사와 신학』, 주재용·연규홍 옮김, 한신대학교출판부, 2004.

라은성, 『위대한 여인들의 발자취: 초대교회사 편』, 그리심, 2005.

라이큰, 리랜드, 『청교도: 이 세상의 성자들』, 김성웅 옮김, 생명의말씀사, 2003.

랑시에르, 자크, 『미학 안의 불편함』, 주형일 옮김, 인간사랑, 2008.

러너, 거다, 『가부장제의 창조』, 강세영 옮김, 당대, 2004.

로버트슨, 롤랜드, 『종교의 사회학적 이해』, 이원규 옮김, 대한기독교서회, 2004.

로핑크, 게르하르트, 『예수는 어떤 공동체를 원했나: 그리스도 신앙의 사회적 차원』, 정한교 옮김, 분도출판사, 2004.

루소, 장 자크, 『에밀』, 정봉구 옮김, 범우사, 1984; 1995.

루터, 마르틴, 『교회의 바벨론 감금』, 지원용 옮김, 컨콜디아사, 1985.

_____, 『독일 기독교 귀족에게 고함: 마르틴 루터의 종교개혁 핵심서』, 원당희 옮김, 세창 미디어, 2010.

류대영, 『한국 근현대사와 기독교』, 푸른역사, 2009.

마르스텐, 조지, 『미국의 근본주의와 복음주의 이해』, 홍치모 옮김, 성광문화사, 1992.

머리, 존, 『현대 영국 개혁주의의 부활: 개혁주의 청교도 책의 재발견』, 김병규 옮김, 부흥과개혁사, 2010.

민경배, 『한국교회의 사회사, 1885~1945』, 연세대학교출판부, 2008.

밀러, 도널드, 『왜 그들의 교회는 성장하는가?: 새 천년의 교회 패러다임』, 이원규 옮김, KMC, 2008.

바디우, 알랭, 『사도바울: '제국'에 맞서는 보편주의 윤리를 찾아서』, 현성환 옮김, 새물결, 2008.

박용옥, 『한국 여성 근대화의 역사적 맥락』, 지식산업사, 2001.

박정신, 『근대한국과 기독교』, 민영사, 1997.

백소영, 『엄마되기, 아프거나 미치거나: 21세기 대한민국 개신교 기혼 여성의 모성 경험』, 대한기독교서회, 2009.

_____, 『우리의 사랑이 의롭기 위하여: 한국교회가 무교회로부터 배워야 할 것들』, 대한기독교서회, 2005.

_____, 「지구화시대 도시 개신교 신자들의 '의미 추구': 1990년 이후 수도권 신도시 지역 복음주의적 초교파 교회로 이동한 개신교 신자들을 중심으로」, 『탈경계 인문학』 2권 1호, 2009, 77~110쪽.

버거, 피터·새뮤얼 헌팅턴 엮음, 『진화하는 세계화: 현대 세계의 문화적 다양성』, 김한영 옮김, 아이필드, 2005.

버틀러, 주디스, 『안티고네의 주장: 삶과 죽음, 그 사이에 있는 친족 관계』, 조현순 옮김, 동문선, 2000.

베네딕트, 루스, 『문화의 패턴』, 김열규 옮김, 까치, 1993.

베버, 막스, 『프로테스탄티즘의 윤리와 자본주의 정신』, 박성수 옮김, 문예출판사, 1996.

베슈텔, 기, 『신의 네 여자: 그리스도 기원 이래 가톨릭교회 여성의 잔혹사』, 전혜정 옮김, 여성신문사, 2004.

백, 울리히, 『위험사회: 새로운 근대성을 향하여』, 홍성태 옮김, 새물결, 1997.

백, 울리히·엘리자베트 벡-게른샤임, 『사랑은 지독한 그러나 너무나 정상적인 혼란』, 강수영·권기돈·배은경 옮김, 새물결, 2006.

변길용, 『청교도 평신도 운동: 초기회중교회주의 1582~1648』, 한국학술정보, 2007.

비일, 데이비드, 『근본주의의 역사』, 김효성 옮김, 기독교문서선교회, 1994.

서광선, 『한국 기독교 정치신학의 전개』, 이화여자대학교출판부, 1996.

송창근, 「오늘 조선교회의 사명」, 『신학지남』 통권 72호, 1933, 21~26쪽.

신순철, 「개화기의 종교와 국가」, 오경환 외, 『교회와 국가』, 가톨릭대학교출판부, 1997, 427~452쪽.

야곱 스패너, 필립, 『경건한 소원』, 엄성옥 옮김, 은성출판사, 1988.

오만규, 『청교도 혁명과 종교자유』, 한국신학연구소, 2002.

원종천, 『청교도 언약사상: 개혁운동의 힘』, 대한기독교서회, 1998.

윌슨, 필로미나 버니, 『백마 탄 신랑감 만나기』, 최영오 옮김, 나침반, 1997.

윤치호, 『윤치호 일기 3』, 국사편찬위원회, 1974.

이덕주, 「신학연구의 다양성: 성공하는 토착화 신학」, 한국종교학회 엮음, 『해방 후 50년 한국종교연구사』, 도서출판 창, 1997.

이우정, 『한국 기독교 여성 백년의 발자취』, 민중사, 1985.

이원규, 『한국교회 무엇이 문제인가?』, 감리교신학대학교출판부, 1998.

이종훈 편역, 『세계를 바꾼 연설과 선언』, 서해문집, 2006.

이주영, 『미국의 좌파와 우파』, 살림출판사, 2003.

이형기, 『하나님 나라와 공적 신학』, 한국학술정보, 2009.

정성구, 『칼빈주의 사상과 삶』, 기독교문서선교회, 1979.

조지, 엘리자베스, 『매일 성공하는 여자』, 김은희 옮김, 인피니스, 2005.

_____, 『하나님이 기뻐하시는 여성』, 안보헌 옮김, 생명의말씀사, 2007.

진, 하워드, 『미국민중사 1』, 유강은 옮김, 이후, 2006.

채수일 엮음, 『누구인가, 나는』, 대한기독교서회, 2005.

최명덕, 「레이건 시대의 기독교 신우파의 정치 참여」, 『미국학논집』 36권 2호, 2004, 265~286쪽.

최종고, 「현대 한국의 종교와 국가」, 오경환 외, 『교회와 국가』, 가톨릭대학교출판부, 1997, 479~515쪽.

최종철, 「박정희 정권하에서의 교회와 국가」, 오경환 외, 『교회와 국가』, 가톨릭대학교출판부, 1997, 657~683쪽.

최형묵·백찬홍·김진호, 『무례한 자들의 크리스마스: 미국 복음주의를 모방한 한국
    기독교 보수주의, 그 역사와 정치적 욕망』, 평사리, 2007.

카든, 알랜, 『청교도 정신: 17세기 미국 청교도들의 신앙과 생활』, 박영호 옮김, 기독
    교문서선교회, 1993.

칼빈, 존, 『기독교 강요』, 양낙홍 옮김, 크리스챤다이제스트, 1988.

콕스, 하비, 『세속 도시』, 이상률 옮김, 문예출판사, 2010.

콘보이, 캐티 외 엮음, 『여성의 몸 어떻게 읽을 것인가?: 성의 상품화 그리고 저항의
    가능성』, 고경하 외 옮김, 한울, 2001.

톰린슨, 존, 『세계화와 문화』, 김승현·정영희 옮김, 나남출판사, 2005.

틸리히, 폴, 『19~20세기 프로테스탄트 사상사』, 송기득 옮김, 대한기독교서회,
    2004.

_____, 『프로테스탄트 시대』, 이정순 옮김, 대한기독교서회, 2011.

파농, 프란츠, 『검은 피부, 하얀 가면』, 이석호 옮김, 인간사랑, 1998.

패커, 제임스, 『청교도 사상』, 박영호 옮김, 기독교문서선교회, 1992.

푸코, 미셸, 『성의 역사 2: 쾌락의 활용』. 문경자·신은영 옮김. 나남, 2004.

하먼, 크리스, 『신자유주의 경제학 비판』. 심인숙 옮김. 책갈피, 2001.

한국기독교사회문제연구원, 『1970년대 민주화운동과 기독교』, 한국기독교사회문
    제연구원 조사자료집, 1982.

한국기독교역사연구소, 『한국 기독교의 역사 2』, 기독교문사, 1990.

함석헌, 『함석헌 전집 9』, 한길사, 1983.

해네그래프, 행크, 『바벨탑에 갇힌 복음』, 김성웅 옮김, 새물결플러스, 2010.

허드슨, 윈스럽·존 코리건, 『미국의 종교』, 배덕만 옮김, 성광문화사, 2008.

헐스, 에롤, 『청교도들은 누구인가?: 그들은 무엇을 가르치는가?』, 이중수 옮김, 목
    회자료사, 2010.

호슬리, 리처드, 『갈릴리: 예수와 랍비들의 사회적 맥락』, 박경미 옮김, 이화여자대
    학교출판부, 2006.

Appenzeller, Ella Dodge, "The Relation of the Wives of Missionaries to Mission
    Work", *The Korean Repository*, 1895.

Arber, Edward, ed. *The Story of the Pilgrim Fathers, 1606-1623*, London: Ward
    and Dawney, 1897.

Aristotle, *History of Animals*, trans. Richard Cresswell, London: George Bell, 1878.

Badinter, Elizabeth, *Mother Love Myth and Reality Motherhood in Modern History*, New York: Macmillan Publishing Co. Inc., 1981.

Baik, Soyoung, "The Protestant Ethic Reversed: A Study in the Elective Affinity between Neo-Liberalism and Christian Fundamentalism", *Madang* vol.9, 2008, pp.29~48.

Bailey, Derrick Sherwin, *Sexual Relation in Christian Thought*, New York: Harper and Brothers, 1959.

Baxter, Richard, *Chapters from a Christian Directory*, ed. Jeannette Tawney, London: G. Bell and Sons, 1925.

Bellah, Robert N. et al., *Habits of the Heart Individualism and Commitment in American Life*, Berkeley; Los Angeles; London: University of California Press, 1996.

Brown, John, *Puritan Preaching in England*, New York: Scribers, 1900.

Brown, Ruth Murray, *For a Christian America*, New York: Prometheus Books, 2002.

Clark, Elizabeth and Herbert Richardson, *Women and Religion: A Feminist Sourcebook of Thought*, New York: Harper & Row Publishers, 1977.

Cohen, Norman, *The Fundamentalist Phenomenon: A View from Within A Response from Without*, Grand Rapid, Michigan: William B. Eerdmans Publishing Co., 1990.

Conboy, Katie, Nadia Medina and Sarah Stanbury eds. *Writing on the Body Female Embodiment and Feminist Theory*, New York: Columbia University Press, 1997.

Corrigan, John, *The Prism of Piety*, New York; Oxford: Oxford University Press, 1991.

Diamond, Sara, *Road to Dominion: Right-wing Movement and Political Power in the United States*, New York; London: The Guilford Press, 1995.

Dillenberger, John and Claud Welch, *Protestant Christianity, Interpreted Through its Development*, New York: Charles Scribner's Sons, 1954.

Eusden, John Dykstra, *Puritans, Lawyers, and Politics in Early Seventeenth*

Century England, New Haven: Yale University Press, 1958.

Foster, Stephen, *Their Solitary Way: The Puritan Social Ethic in the First Century of Settlement in New England*, New Haven: Yale University Press, 1971.

Gerth, H. H and C. Wright Mills, *From Max Weber: Essays in Sociology*, New York: Oxford University Press, 1958.

Haller, William, *Liberty and Reformation in the Puritan Revolution*, New York: Columbia University Press, 1963.

Hambrick-Stowe, Charles, *The Practice of Piety: Puritan Devotional Disciplines in Seventeenth-Century New England*, Chapel Hill: University of North Carolina Press, 1982.

Higginson, John, *The Cause of God and His People in New England*, Boston, 1662.

Hughes, Philip, *Theology of the English Reformers*, Grand Rapids: Eerdmans, 1965.

Kang, Wi-jo, *Religion and Politics under the Japanese Rule, Studies in Asian Thought and Religion*, New York: Edwin Mellen Press, 1987.

Keeble, N. H., *Richard Baxter: Puritan Man of Letters*, Oxford: Oxford University Press, 1982.

Lerner, Laurence, *Love and Marriage: Literature and Its Social Context*, New York: St. Martin's, 1979.

Luther, Martin, "The Estate of Marriage", Elizabeth Clark and Herbert Richardson, *Women and Religion: A Feminist Sourcebook of Christian Thought*, New York: Harper & Row Publishers, 1977.

Mather, Cotton, *Bonafacius*, Boston, 1710.

_____ , *Magnalia Christi Americana*, 2 vols., London: Parkhurst, 1702; reprinted, Hartford, 1852.

Owen, John, *The Works of John Owen*, 16 vols., ed. William H. Goold, London: Banner of Truth Trust, 1966.

Perry, Ralph Barton, *Puritanism and Democracy*, New York: Vanguard, 1944.

Poole, Kristen, *Radical Religion from Shakespeare to Milton: Figures of Non-conformity in Early Modern England*, Cambridge: Cambridge University

Press, 2000.

Robertson, A. M., *Aspects of the Rise of Economic Individualism*, New York: Kelley and Millman, 1959.

Robertson, Roland, *Globalization: Social Theory and Global Culture*, New York; Oxford: Oxford University Press, 1997.

Rogers, Thomas, *The Faith, Doctrine, and Religion Professed and Protected in the Realm of England*, Cambridge: Iohn Legatt, 1607.

Schneider, Herbert, *The Puritan Mind*, Michigan: The University of Michigan Press, 1964.

Schucking, Leven, *The Puritan Family: A Social Study from the Literary Sources*, London: Routledge and Kegan Paul, 1969.

Schumpeter, Joseph, *The Theory of Economic Development: An Inquiry into Profits, Capital, Credit, Interest, and the Business Cycle*, trans. Redvers Opie, London: Oxford University Press, 1978.

Shepard, Thomas, *Autobiography*, Boston, 1832.

Troeltsch, Ernst, *The Social Teaching of the Christian Churches*, vol.II, Louisville, Kentucky: Westminster/John Knox Press, 1992.

Weber, Max, *Protestant Ethic and the Spirit of Capitalism*, trans. Talcott Parsons, New York: Scribner, 1958.

_____, *The Sociology of Religion*, Boston: Beacon Press, 1993.

Winthrop, John, *Winthrop Papers*, Boston: Mass. History Society, 1931.

Wuthnow, Robert. *Christianity in the Twenty-first Century Reflections on the Challenges Ahead*, New York; Oxford: Oxford University Press, 1993.

더 읽을 책

막스 베버, 『프로테스탄티즘의 윤리와 근대 자본주의 정신』, 박성수 옮김, 문예출판사, 1996.

내 책의 중심 질문과 주제를 있게 한 토대가 된 저서로서 개신교의 문화사회학적 위치에 대해 연구하는 많은 학자들에게 영감과 방향성을 제시한 역작이다. 본문에서 직접 이름이 언급되지는 않았지만 베버는 자신의 글에서 맑스와 대화를 시도하고 있다. '토대가 상부구조를 결정한다'라는 유물론적 사관에 대하여 베버는 관념론이나 형이상학적 대결이 아닌, 사회학적 관찰을 통하여 한 개인이나 집단의 특정한 이념 혹은 신앙이 오히려 토대를 견고히 하거나 확장하는 역할을 할 수도 있음을 금욕주의적 개신교도들의 노동 윤리와 자본주의 정신의 친화성을 사례로 들어 논증한다. 물론 베버의 주장은 자본주의적 토대가 전무한 가운데 오직 개신교적 이념만으로 근현대의 시장경제체제가 등장했다는 것이 아니다. '선택적 친화성'이라는 베버의 용어가 말해 주듯이 자본주의적 시스템이 발생할 수 있는 조건에서 개신교 노동 윤리는 근대 자본주의 정신을 강화시킨 종교적 동력이 되었다는 것이다.

에른스트 트뢸취, 『기독교사회윤리』, 현영학 옮김, 한국신학연구소, 2003.

종교사회학적 견지에서 개신교를 연구한 이 책은 두 권으로 묶여 있으나, 1권만이 한국어로 번역되어 있다. 예수 운동부터 현대 교회에 이르기까지 방대한 기독교 역사를 종합적인 범주화를 통해 분석한 역작이다. 트뢸치는 제도화의 결정체인 '교회' 유형과, 교회의 형식적 교리화와 위계적 성직 구조에 저항하고 본연의 신앙적 회복을 주창하여 자발적인 종교 공동체를 형성하는 '종파' 유형이 반복되어 나타났다고 주장한다. 예수 운동과 초대교회 공동체가 화석화된 유대교적 교회 유형에 대한 종파 운동적 움직임이었다면, 중세 교회는 그러한 기독교 공동체의 제도화된 교회 유형에 해당한다는 것이다. 중세적 교회 유형에 대한 반발이 개신교의 종파적 주장이었고 기독교 역사를 통해 이와 같이 두 유형이 반복적으로 나타났다는 그의 논지는 교회 유형의 특징을 현저하게 보이고 있는 오늘날의 한국 개신교 교회들로 하여금 이유 있는 신앙 성찰을 하도록 이끈다.

원종천, 『청교도 언약사상: 개혁운동의 힘』, 대한기독교서회, 1998.

이 책은 한국어로 쓰인 청교도 관련 단행본으로는 드물게 2차 자료에 의존하지 않고 원자료를 직접 반영한 장점을 가진다. 기독교 신앙에 익숙하지 않은 독자들까지 읽을 수 있는 대중서를 쓰고자 한 의도로 인해 내 책에서는 청교도 사상의 상세한 교리적 측면을 대부분 생략하였는데, 이에 대한 관심이 있는 독자라면 이 책을 추천한다. 츠빙글리와 불링거, 틴데일, 칼뱅, 리처드 십스, 프레스턴, 코튼 등 언약 사상의 계보학이 촘촘히 소개되고 있으며, 언약 사상을 사회적으로 확산시킨 주체들에 대해서도 상세한 설명이 들어 있다. 무엇보다 각주에 소개된 1차 자료 목록은 청교도 사상에 깊이 있는 연구를 원하는 이들에게 귀한 자료가 될 것이다.

박정신, 『근대한국과 기독교』, 민영사, 1997.

비교역사학 전공자의 시각에서 한국 역사 변동에 끼친 기독교의 영향과 관계성을 밝힌 저서이다. 내 저서의 논점이나 주제로 인해 상당 부분 생략된 한국 개신교 역사를 근대 한국의 발생과 전개 과정 속에서 보다 상세하게 읽어 내고자 하는 독자에게 권하고 싶은 책이다. 특히 구한말과 일제 초기, 한국 개신교의 유입과 전개 초기의 정황에 대해서 비교적 상세하게 서술하고 있는데, 사전적 지식보다는 미국과 한국을 넘나들며 가르치고 연구한 저자의 특수한 삶의 경험을 통해 소화된 글쓰기인 까닭에 기독교인이 아니어도 쉽게 읽힐 수 있을 것이다. 몇몇 중요한 사건들에 있어 나와 해석을 달리하는 부분들이 없지 않으나, 개신교를 받아들였던 한국인 지도자들의 의미 추구에 초점을 맞추었다는 것 등 이 책이 지닌 강점이 많다고 본다.

알랭 바디우, 『사도바울: '제국'에 맞서는 보편주의 윤리를 찾아서』, 현성환 옮김, 새물결, 2008.

근현대적 세계를 재편하기 위해 '보편'과 '동질성'을 강요해 온 서구 유럽 제국의 논리와는 상당히 다른 방향에서 바디우는 '보편성을 담보하는 개별 사건'으로서의 바울의 신학을 논하고 있다. 바디우에 의하면 바울의 위대성은 민족, 도시, 제국, 성별, 종교 등의 특정 공동체가 장악하려고 해온 진리를 그 모든 특수로부터 자유하게 했다는 데 있다. 유대 담론인 예언자의 형상, 그리스 담론인 현인의 형상을 '아버지 담론'이라 부르며, 바디우는 그 어떤 특수한 공동체나 계급과 특권적 관계를 가지지 않는 '아들 담론'으로서의 그리스도교 담론이 바울 신학의 특징이었다고 한다. 부활한 아들은 모든 인류를 동등한 혈연관계로 만들어 아들들의 평등성을 확보하고 지배자들의 정당성을 무력화한다. 예수 사건이 부여한 것은 모든 인간에게 아들-되기를 발생시키는 것이며, 때문에 그 사건의 핵심은 교리적 내용이 아니라 주체의 도래라는 주장이다. 이러한 새로운 방식의 바울 읽기는 기독교가 전파해야 하는 진정한 보편성이 무엇인지에 대해 성찰의 기회를 줄 수 있을 것이다.

찾아보기

사이 시리즈 발간에 부쳐

이화인문과학원 탈경계인문학연구단은 2007년 한국연구재단의 인문한국 (HK) 지원사업에 선정되어 '탈경계인문학'을 구축하고 이를 사회적으로 확산함으로써 한국 인문학의 새로운 지평을 창출하고자 하는 프로젝트를 수행하고 있다. '탈경계인문학'이란 기존 분과학문 간의 경계를 가로지르고 넘나들며 학문 간의 유기성과 상호 소통을 강조하는 인문학이며, 탈경계 문화 현상 속의 인간과 인간 경험을 체계적으로 성찰함으로써 경계 짓기로 대립하고 갈등하는 인간과 사회를 치유하고자 하는 인문학이다.

이에 연구단은 우리의 연구 성과를 학계와 사회와 공유하고자 '사이 시리즈'를 기획하였다. 탈경계인문학의 주요 주제에 대한 전문 학술서를 발간함과 동시에 전문 지식의 사회적 확산과 대중화를 위하여 교양서를 발간하게 된 것이다. 이 시리즈는 인문학에 관심을 가진 대학생들이나 일반인들이 새로이 등장하는 인문학적 사유와 다양한 이슈들에 쉽게 다가갈 수 있도록 쓰여졌다.

오늘날 우리는 문화적 경계들이 빠르게 해체되고 재편되는 변화의 시기를 살고 있다. '사이 시리즈'는 '경계' 혹은 '사이'에서 생성되고 있는 새로운 존재와 사유를 발굴하고 탐사한 결과물이다. 우리 연구단은 독자들에게 그 결과물을 제시하고 이를 토대로 상호 소통하는 계기를 마련하고자 한다. 인문학과 타 학문, 학문과 일상, 중심부와 주변부 사이의 경계를 넘어 공존과 융합을 추구하는 사이 시리즈의 작업이 탈경계 문화 현상을 새로이 성찰하고 이분법적인 사유를 극복하여, 경계를 넘나들며 다원적이고 통합적인 시각을 만들어 나가는 출발점이 되기를 기대한다.

2012년 3월
이화여자대학교 이화인문과학원 인문한국사업단